NAS SÍLABAS DO VENTO

Editora Appris Ltda.
1.ª Edição - Copyright© 2023 dos autores
Direitos de Edição Reservados à Editora Appris Ltda.

Nenhuma parte desta obra poderá ser utilizada indevidamente, sem estar de acordo com a Lei nº 9.610/98. Se incorreções forem encontradas, serão de exclusiva responsabilidade de seus organizadores. Foi realizado o Depósito Legal na Fundação Biblioteca Nacional, de acordo com as Leis nºs 10.994, de 14/12/2004, e 12.192, de 14/01/2010.

Catalogação na Fonte
Elaborado por: Josefina A. S. Guedes
Bibliotecária CRB 9/870

L864n
2023
	Lopes, José de Sousa Miguel
	    Nas sílabas do vento / José de Sousa Miguel Lopes. – 1 ed. – Curitiba : Appris, 2023.
	    211p. ; 23 cm.
	
	    ISBN 978-65-250-5312-7
	
	    1. Poesia. 2. Amor. 3. Política. I. Título.
	
	    CDD – B869.1

Livro de acordo com a normalização técnica da ABNT

Appris editora

Editora e Livraria Appris Ltda.
Av. Manoel Ribas, 2265 – Mercês
Curitiba/PR – CEP: 80810-002
Tel. (41) 3156 - 4731
www.editoraappris.com.br

Printed in Brazil
Impresso no Brasil

José de Sousa Miguel Lopes

NAS SÍLABAS DO VENTO

FICHA TÉCNICA

EDITORIAL	Augusto Coelho
	Sara C. de Andrade Coelho
COMITÊ EDITORIAL	Marli Caetano
	Andréa Barbosa Gouveia - UFPR
	Edmeire C. Pereira - UFPR
	Iraneide da Silva - UFC
	Jacques de Lima Ferreira - UP
SUPERVISOR DA PRODUÇÃO	Renata Cristina Lopes Miccelli
ASSESSORIA E PRODUÇÃOEDITORIAL	Bruna Holmen
REVISÃO	Andrea Bassoto Gatto
DIAGRAMAÇÃO	Bruno Ferreira Nascimento
CAPA	Eneo Lage

*Para a Tónia, minha companheira
de mais de meio século de aventuras.
Amo-te.*

*Amo-te, porque olhei e vi o teu olhar
Amo-te porque a palavra correu entre
a tua pela e a minha
Amo-te porque ouvi a febre –
esse todo em ti inesgotável.
Amo-te porque me dás tudo e ficas
mais plena e mais intacta
E amo-te porque és frágil e caótica
e me revelas em cada momento
que precisas de mim
Não precisas...
Sou eu que não saberei viver
sem a tua confirmação constante
de que o paraíso existe.*

Do teu apaixonado de sempre,
Miguel.

*Para a Carla, minha filha,
meu maior tesouro e orgulho.*

*Hábil em semear alegria,
teu sorriso é a minha felicidade.
Nuvens escuras se dissipam
para dar lugar à inteligência,
à gentileza e à generosidade.*

*Minha vida se tornou muito mais iluminada
desde que chegaste a este mundo.
Sempre foi emocionante ver-te crescer
e ver um pouco de mim em ti.
Acredita nos sonhos, nos ideais e nos valores.*

*Esta é a minha filha,
alegria maior da minha vida.
Razão do meu viver,
cuja existência
enche meu coração de paz.*

*Mesmo quando não estou fisicamente ao teu lado,
sempre vou estar contigo em pensamento.
O meu amor e carinho por ti
é capaz de percorrer qualquer distância,
para sentir teu coração bater junto ao meu.*

*O amor que sinto por ti
é infinito como o universo,
e, como ele, sempre em expansão.
Não importa quanto o tempo passe,
sempre serás o meu bem mais precioso.*

*Todos os dias, ao acordar e ao deitar,
agradeço a tua presença,
a tua existência na minha vida.
Tenho um orgulho gigante
por me dares tanta felicidade.*

Eu te admiro, filha, e te amo acima de tudo!

Teu pãe, popi, papusko,
Miguel.

PREFÁCIO

  O livro de poesia *Nas sílabas do vento*, de José de Sousa Miguel Lopes, divide-se em três momentos, cujos títulos são: "Cartografias Marítimas", "Filigranas Amorosas" e "Relâmpagos Poéticos-Políticos". Alguns temas são recorrentes em sua escrita lírica, assumindo sentidos metafóricos importantes, visto que sinalizam significados referentes a reminiscências e a emoções relacionadas às vivências do autor: mar, búzios, barco, vento, tempo, desejo, amor, entre outros.

  Em "Cartografias Marítimas", o eu lírico se mistura ao mar, à imaginação criadora. Empreende uma travessia da memória, navegando por entre espumas, na ternura, no azul. Nas dobras do tempo, nos sonhos do literário, correntes submarinas de palavras poéticas percorrem caminhos de lembranças e afetos em busca da amada. Nos mapas da vida, das experiências vividas, o poeta atravessa horizontes nas portas da noite e se reconhece um ser de amor.

> Com as velas hasteadas pela brisa marítima do Índico
> o veleiro conduzido pelo poeta
> enfrenta o movimento suave das ondas
> transportando o desejo irreprimível de fazer emergir o poema
> que atormenta, de modo insistente, sua mente sonhadora.
> Viajemos com ele e deixemo-nos embalar pelo musical
> pio das gaivotas nos seus voos rasantes
> parecendo querer compartilhar a desafiadora aventura.
> (LOPES, 2023, p. 25)

  Em "Filigranas Amorosas", inúmeros poemas são de paixão e afeto. Poesia cheia de beleza, de amor, de ressonâncias de coisas do mundo. O poeta transita por silêncios, pela noite, por madrugadas prenhes de perfumes. São poemas sobre o corpo, aprendizagens por meio de olhares que investigam partilhas, vigílias amorosas em deslocamentos por cidades como Paris, Maputo, Santorini: viagens à procura de novos amanheceres. A escrita filigranada desse momento poético permeia os corpos dos poemas, aprimorando o ritmo dos versos, o labor estético, as metáforas do amor.

> O amor é carne!
> O amor é sangue!
> O amor é fogo!
> O amor é corpo
> E é seiva
> E é vida!
> (LOPES, 2023, p. 128)

Em "Relâmpagos Poéticos-Políticos", última parte do livro, os poemas apresentam a trajetória de um poeta comprometido com o social e com problemas da vida cotidiana. O sujeito poético denuncia questões como a branquitude, apontando-a como um dos males do sistema político brasileiro. Ressalta a importância da valorização das diversidades, ou seja, das identidades múltiplas, e enfatiza o hibridismo cultural existente tanto no Brasil como em Moçambique.

> Estamos agora num tempo em que
> o Estado, a Nação, o Território,
> a Paisagem, a Identidade e outras
> designações postas em maiúsculas,
> não correspondem a nenhuma representação
> ou realidade estável e consensual.
> Vivemos tempos de identidades múltiplas,
> criação rápida de referentes globais,
> pluralismo, metamorfoses tecnológicas,
> rupturas velozes e drásticas,
> dissipações e simultaneidade de contrários.
> (LOPES, 2023, p. 141)

Muitas das composições poéticas desse terceiro momento mergulham em um silêncio planetário, com inúmeras angústias acerca do amanhã do mundo. Falam sobre Belo Horizonte, urbe amada do poeta, que faz dessa uma cidade casulo, espaço sagrado de sua poesia. O eu lírico persegue uma escrita livre de amarras, que tenha uma voz literária própria como a de poetas ousados capazes de exercitarem suas cidades de palavras, suas cidades das letras. Assim como Angel Rama, em sua obra, problematiza a América Latina, discutindo contradições e paradoxos existentes em países latino-americanos, Miguel Lopes assinala contrassensos nas sociedades brasileira e moçambicana. No livro *Nas sílabas do vento*, as cidades são vistas como sonhos da imaginação a almejarem transformações, lutas e vão crescendo por intermédio de palavras que põem em diálogo letras sonhadas e realidade imaginada. Desse modo, para o poeta, escrever poesia é como uma estratégia de poder trabalhar com emoções e afetos, memórias e paixões. Para ele, poesia é espalhar sílabas ao vento, é soltar palavras pelo mundo, especialmente pelo trajeto Sul/Sul.

O poeta veio de Moçambique para o Brasil. Partiu do Índico, cruzou o Atlântico e fixou sua vida e seu tempo em Minas Gerais. Naufrágios, espantos, sonhos e silêncios deságuam num universo literário cheio de nós, mas também de individualidades, de eus que afirmam suas subjetividades sem se esquecerem, entretanto, dos patrimônios coletivos guardados na memória das experiências vividas.

O Índico na poesia de Miguel Lopes é uma metáfora líquida que flui no ritmo das lembranças do mar da infância e da juventude, nas saudades intensas da amada distante. A escrita poética do autor torna-se, então, uma espécie de redenção. Transforma-se num vento de sílabas que espalham sentimentos, palavras, afetos, lembranças. Desse modo, converte sua poesia numa aventura onírica, conversa com o búzio, "barco de desejos e reencontros".

Dois outros temas também são muito frequentes na poesia do autor: sombras e brumas. Elas são metáforas que emergem do inconsciente do poeta, simbolizando nevoeiros que sombreiam e assombram memórias. Em seus mapas poéticos, o eu lírico delineia o existir humano muitas vezes ancorado em dores pessoais e em sofrimentos sociais. Como uma onda, ele flutua entre a busca de encontros e o esquecimento de antigos desencontros vividos. O Índico torna-se memória esmaecida nas sombras das lembranças. É oceano amado, cantado por tantos poetas de Moçambique. É música distante, que o poeta ouve longe e já quase não mais escuta, perdendo-se, por isso, no indiferenciado.

Os poemas do autor são como uma escultura de lembranças, de reminiscências a afligirem seu criador, um escultor de emoções e recordações que empurram e alimentam sua vida enquanto fazem parte dela. Poesia, água, fogo, pele despojada e entregue ao itinerário da vida. Mistérios e sombras por onde anda o poeta. Saudades do Índico, decifrando, cotidianamente, o local onde vive: Belo Horizonte.

A poesia de José Miguel Lopes é um corpo a iluminar vertigens, prazeres, sentimentos tristes, melancolia, desejos, ausências e presenças. É poesia-tempo, vento a fustigar novos sentidos, novos olhares, novos saberes. *Nas sílabas do vento* é uma ode à mulher amada, à vida, às palavras que fazem do mundo possibilidades de criação e amor. Como diz o eu lírico em "Filigranas Amorosas", "apenas a poesia, só ela em toda a sua beleza faz ressonância com o mundo".

Ave, poeta! Que muitos leiam este livro e desfrutem do sabor e dos encantos de seus versos.

Rio de Janeiro, 20 de agosto de 2023.

CARMEN LUCIA TINDÓ SECCO

É considerada uma das maiores, senão a maior, especialista brasileira na área das Literaturas Africanas de Língua Portuguesa, área do conhecimento na qual trabalha há três décadas. Professora Titular de Literaturas Africanas da Universidade Federal do Rio de Janeiro (UFRJ), é graduada em Português-Literaturas pela Universidade do Estado do Rio de Janeiro (UERJ) (1970), mestrado em Letras pela Pontifícia Universidade Católica do Rio de Janeiro (PUC-RJ) (1976) e doutorado pela Universidade Federal do Rio de Janeiro (UFRJ) (1992) e pós-doutorado na Universidade Federal Fluminense (UFF) e em Moçambique, na Universidade Politécnica de Moçambique (2009-2010). Atualmente é cientista da Fundação Carlos Chagas, de Amparo à Pesquisa do Estado do RJ (Faperj), pesquisadora colaboradora da Universidade de Lisboa, 2ª vice-presidente (gestão 2016-2019) da Associação Internacional de Estudos Literários e Culturais Africanos, pesquisadora PQ - nível 1 B do CNPq, consultora *ad hoc* do Conselho Nacional de Desenvolvimento Científico (CNPq). Tem experiência na área de Letras, com ênfase em Literaturas Africanas de Língua Portuguesa. Realiza pesquisas voltadas para as relações entre a cultura e as literaturas africanas de língua portuguesa, com especial interesse pela poesia de Angola, Moçambique, Guiné-Bissau, São Tomé e Príncipe e Cabo Verde, bem como pelas relações entre cinema, literatura, afeto e pintura. É pesquisadora colaboradora da Universidade de Lisboa, membro da Comissão de Honra da Fundação Fernando Leite Couto, em Moçambique, e membro correspondente da Academia Angolana de Letras. De suas inúmeras publicações, destacam-se *A magia das letras africanas*, com terceira edição, revista e ampliada em 2021, *Afeto & poesia. Ensaios e entrevistas: Angola e Moçambique*, de 2014, e *Pensando o cinema moçambicano* (2018) e *CineGrafias moçambicanas: memórias & crônicas & ensaios* (2019).

APRESENTAÇÃO

Desde cedo, a poesia começou a exercer sobre mim um grande fascínio. Nos livros didáticos de Português do ensino primário no Moçambique colonial (anos de 1950 e 1960), as páginas que apresentavam poesias eram as que mais me atraíam. Esse gosto continuou no ensino secundário e, posteriormente, na minha formação como educador na Escola do Magistério nos anos de 1960.

A par da poesia descobri também o cinema. Se minha aproximação com o cinema deu-se por filmes meramente comerciais, aos poucos, e após ter me tornado membro de um Cineclube na cidade de Lourenço Marques, capital do Moçambique colonial e atual Maputo, fui-me aproximando de um cinema em que as qualidades estéticas e poéticas acabaram me "capturando" definitivamente para o cinema de Arte.

Importa salientar que os primeiros contatos com o cinema deram-se pela filmografia norte-americana. Com a minha experiência cineclubista, meu encantamento passou a ser direcionado para um cinema mais elaborado e reflexivo, em que se destacam cineastas como Ingmar Bergman, Michelangelo Antonioni, Andrei Tarkovsky e tantos outros. Habituei-me a conhecer o trabalho dos grandes cineastas e a elaborar listas dos meus filmes favoritos. Também adquiri noções básicas sobre os grandes movimentos cinematográficos ao redor do mundo.

Pode entender-se que a partir do que acabo de descrever em relação ao cinema, ele contribuiu para aprimorar ainda mais o meu gosto pela poesia. Essas duas artes, a par de outras, como a música, o teatro, a literatura e a dança, fizeram parte do meu viver. Na minha trajetória acadêmica no Brasil, publiquei livros e artigos, organizei coletâneas sobre cinema e levei essa arte para o interior das minhas aulas. E minha preocupação maior era selecionar filmes em que a beleza estética/poética fosse predominante.

A chegar ao Brasil para fazer formação superior no campo da Educação, participei como aluno num curso de extensão – Introdução à estética do cinema – e continuei minhas leituras poéticas.

Entre vários livros e coletâneas publicados destaco o livro *A poesia nos livros didáticos de Português: um estudo comparativo Moçambique Brasil*, resultado de minha pesquisa de pós-doutorado na Universidade de Lisboa. Meu último livro publicado foi *Formação de professores primários e identidade nacional: Moçambique em tempos de mudança* (Editora Appris, 2021).

Tenho há 12 anos um blog – http://navegacoesnasfronteirasdopensamento.blogspot.com/ – cujas postagens diárias abrem sempre com uma poesia. Já foram postadas cerca de 3 mil poesias.

Assim, a poesia tem sido a minha companheira inseparável e meu fascínio não para de aumentar. Diariamente leio poesia. Nunca me preocupei com a origem dos poetas. O mais importante era a capacidade que tinham em manejar de forma criativa e bela a escrita poética.

Inicialmente, as marcas literárias de Portugal fizeram-se presentes na minha formação por meio das obras de Fernando Pessoa, José Saramago, Maria Teresa Horta e Manuel Alegre… Já Moçambique apresentou-me José Craveirinha, Noêmia de Sousa, Mia Couto… E do Brasil pude acolher de braços abertos Guimarães Rosa, Machado de Assis, Lygia Fagundes Teles, Manoel de Barros…

A nível mundial, fui seduzido pela escrita poética de Pablo Neruda, Bertolt Brecht, Federico Garcia Lorca, Sylvia Plath, Jorge Luís Borges, Octavio Paz, Vladimir Maiakovski, Walt Whitman, Wislava Szymborska e tantos outros.

E eis que, depois de ter escrito poemas ao longo de várias décadas sem nunca ter tido a coragem de publicá-los, comecei recentemente a produzir mais poemas. Somados aos que já tinha elaborado ao longo do tempo, "descobri" que talvez tivesse chegado a hora de virem à luz.

É assim que nasce este livro, que configura, simultaneamente, um relato de percurso e uma declaração de coragem.

O livro está dividido em três partes. Na primeira ("Cartografias Marítimas"), são apresentados poemas cuja maior referência é o mar e seu entorno. Vivi a maior parte da vida junto ao mar, então ele exerce uma força poderosa no seu fazer poético.

Na segunda parte ("Filigranas Amorosas"), debruço-me sobre o amor. O amor é subjetivo, não existe uma forma racional de explicá-lo. Ele é pele, é sentimentos, mutável e não definido, podendo ser a ruína e a alegria. Os poemas levam-nos a perceber o amor em sua vivacidade e na intimidade penetrante a que o sentimento nos convoca.

A terceira parte ("Relâmpagos Poético-Políticos") resulta da trajetória de minhas vivências em Moçambique e no Brasil. As primeiras reflexões sobre as contradições, as desigualdades e as injustiças que perpassavam o tecido da sociedade colonial em Moçambique começam a surgir, de forma embrionária, por volta dos meus 17 anos. Essas preocupações no campo político e social acompanham-me até hoje. Fiz parte do primeiro governo revolucionário do Moçambique Independente (1975), tendo trabalhado durante 15 anos no Ministério de Educação e Cultura.

Diria que o grande desafio da atualidade, mais do que em outros períodos, é o de enfrentar uma cultura em movimento. A poesia, como todas as artes, movimenta-se entre a luz e a sombra, em que uma sempre engendra a outra, em que não se coloca a hipótese de escolha, mas de assumir a sua parte da sombra e a sua parte da luz. Esse movimento, essa dualidade, representa o fundamento da natureza humana. O ser humano é, antes de tudo, essa criatura de contraste que habita um lugar onde a sombra e a luz se tocam. E não existe, a meu ver, algo mais sublime do que esse abraço no qual emerge, de forma luminosa, o texto poético.

Belo Horizonte, 22/8/2023

JOSÉ DE SOUSA MIGUEL LOPES

SUMÁRIO

CARTOGRAFIAS MARÍTIMAS
Poetas e poesia velejam na aventura onírica.................................. 25
Conversa com o búzio.. 31
Barco 32
Navegando na ternura... 33
Azul 34
Nas dobras do tempo 35
Correntes submarinas 36
Nos mapas marítimos da poesia 37
Na espuma das ondas 38
Há um mar dentro de mim... 39
Ócio do amor.. 40
Ondas.. 41
Quem sou?.. 42
Náufragos 43
Desejo 44
Reencontro... 45
Quero ser aquele em que colheste a inocência 46
Portas da noite.. 47
Horizonte 48
O meu cais 49
Sempre que viajas.. 50
Índico país 51
Somos o que enviamos um ao outro..................................... 53
À descoberta 54

FILIGRANAS AMOROSAS

Apaixonados. 56
O canto do amor 57
Silêncio 58
Madrugada 59
Fotografia 60
Noite. 61
Perfume 62
Ascese 63
Paisagem 64
Memória 65
Escultor 66
Murmúrio 67
Estrangeiros 68
A primeira água do poema 69
Amor trazido pelo vento 70
Corpos. 72
O primeiro olhar. 73
Inventário 74
Fogo lento 75
Decifrando o olhar. 76
Luz 77
Aprendizagem. 78
Reverência 79
Busca 80
Visita 81
Enigma 82
Vigília. 83
Quero! 84
Despedida em Roma. 85

Sob o manto de Paris 86
Mais uma vez quero.. 87
Brumas matinais... 88
Ao cair da noite em Santorini 90
Quando a noite acorda 91
Já fui eu sem mim... 92
Assaltar o tempo... 93
A outra margem da tua noite 94
A solidão... 95
Longe… Tão longe 96
Nos caminhos do amor.. 97
Sonho.. 98
Meu abrigo... 99
Em ritmo de blues 100
Centro do teu centro 101
As palavras que sinto.. 103
De onde te escrevo... 104
O presente em busca do passado...................................... 105
Náufrago... 106
Liberdade 108
Vontade... 109
Sensação de adeus 110
Hoje não 111
Inquietação.. 112
Jogo a vida 113
Amor e palavras 114
Lembras-te?.. 115
Se ouvires bater à tua porta... 116
Se eu pudesse.. 117
Gestos de desejo... 118

Momento único 119
Dei-te o meu mundo... 120
Parte só amanhã 121
Tão leves as tuas mãos 122
Noturnos desejos 123
Na tua mão... 124
Por que não te foste?.. 125
Um novo amanhecer... 126
Apenas cadernos amarelecidos.................................. 127
Amor 128
Vem... 129

RELÂMPAGOS POÉTICO-POLÍTICOS

Nas sílabas no vento 132
Trair a branquitude 133
Nacionalismo... 136
Pátria não é corpo-fronteira 140
Identidades múltiplas 141
"Tríbrido" cultural... 143
Democracia 147
Os nossos donos... 149
Manifesto 150
Agir já 151
O que é homem?... 152
Início de um ano nômade 154
Momento único 156
Declarando guerra sobre nós mesmos.......................... 158
Paz.. 162
A policrise... 164
O perturbador "boletim meteorológico" mundial.............. 166
Angústia 170

Certo político 172
Amanhã 174
Escrevo livre 175
Quando nas palavras 176
Palavras 177
A palavra nas redes 184
Palavras x robôs 186
Cidade casulo 190
Minha cidade 191
Onde estão? 192
Às vezes… 193
Vergonha 194
A voz da literatura 195
Livros 196
Onde estão os poetas ousados? 197
Importa escrever poesia? 199
Procura-se a poesia 200
A poesia vai ao cinema e este vai à poesia 202
O olhar de Michelangelo 206

CARTOGRAFIAS MARÍTIMAS

Poetas e poesia velejam na aventura onírica

Com as velas hasteadas pela brisa marítima do Índico,
o veleiro conduzido pelo poeta
enfrenta o movimento suave das ondas,
transportando o desejo irreprimível de fazer emergir o poema
que atormenta, de modo insistente, sua mente sonhadora.
Viajemos com ele e deixemo-nos embalar pelo musical
pio das gaivotas nos seus voos rasantes,
parecendo querer compartilhar a desafiadora aventura.

I

Há poemas que são feitos para serem declamados,
para saírem do conforto das páginas
e renascerem no exercício da escuta e da partilha.
Ao mesmo tempo, celebração do discurso poético
e convite festivo para habitar poeticamente o mundo,
a poesia pretende ser uma experiência de vida,
uma vida poética destinada a ser transmitida e amplificada.

A distância real, aquela precisamente transposta pela poesia,
surge antes entre o poeta e o mundo.
Para medir essa distância devemos pensar na poesia
como uma reserva de oferendas e vínculos.
Uma poesia que preenche, completa, conserta seres e objetos.
Uma poesia fluida e acolhedora, convidando o leitor
a prolongar as batidas do coração.

Paciente e resoluta, a escrita poética estabelece seus princípios
como outras tantas formas de viver com e no poema.

O resultado é uma forma de mestiçagem poética,
em que a ancoragem e a errância, a graça do silêncio,
o sopro da fala, a fulgurância da palavra e
o esplendor da imagem se sobrepõem
para manter a capacidade da alteridade.

Viver na poesia é desafiar a era opaca,
cantar a fuga, celebrar o caminho sem volta,
quer se trate de captar cenas do cotidiano,
de pessoas anônimas ou de habitar as cidades do mundo.
Pelo espaço de um verso ou de uma rima,
o objetivo é o mesmo: despertar o espírito de resiliência
no coração de todas as palavras poéticas.

Mesmo em pleno calvário pandêmico,
a poesia impôs-se como evidência cotidiana,
tal como as cantigas e aplausos destinados
ainda ontem aos cuidadores: aquela gente, por exemplo,
cantando nas janelas, é poesia
cultivando o próprio estado de despertar poético,
iluminando o sonho incrustado no coração.

Todos esses rompantes de solidariedade,
esses gestos salutares, "*ternurentos*", são poesia!
Ela assume a sua busca pela beleza e pela ternura,
proclama a sua forma de transformar
a dor suave, viva, revigorante.
Combinando a palavra justa com a sensibilidade
e energia sinestésica fazem o poema acordar.
A barca poética lança-se para o domínio dos sonhos e das visões
que libertam, mas o poema continua sendo esse
órgão inseparável do corpo do poeta.

Então vou embora como vim, alma nua e poemas pela frente.
O poema desenfreado está sempre em movimento,
familiarizado com as geografias, atravessando épocas,
recordando a sua energia e as suas rebeldias.

Terá treinado a sua vida num tango frenético,
rompido os quadros sombrios de todas as normas?
A poesia é essa dança ardente e luminosa que é,
necessariamente, praticada por várias pessoas.
Ela é a vontade de prolongar o fôlego de forma
aberta e lúdica sempre pronta a exprimir
a liberdade e a hospitalidade das palavras.

De fora fica quem passa a vida em naufrágio,
consumindo o tempo apenas utilitariamente.
Abismo, drama, salvação, palavras grandiosas
usadas para falar de vidas que só conhecemos
um pouco pela obra realizada.
Pode-se julgar com mais objetividade o artesanal
no resultado das ações inteligentes sobre a matéria.

Poesia sozinha não "salva" ninguém, mas talvez atraia
muitos outros saberes que poderiam continuar desconhecidos.
O espanto provocado por um poema é tão indefinível que
estabelece vínculos de afetos com o leitor.
Poesia navegante, mais controlável, mais dependente
que aponta a finalidade das ações, direcionando os sentidos
para o futuro, para o território do espanto, para o sublime.

II

Os poetas são ingovernáveis, portadores de sonhos frágeis.
A liberdade e a fragilidade de uma existência poética

alinha-se com os estremecimentos da natureza,
com os arrepios do impulso criativo,
com os estalos desse fogo interior,
que só se iguala à beleza das manhãs de geada
às noites sem sono e aos gestos de ternura.

Saudemos a alma nómada do poeta, observemos
como, através da escrita, ele nos indica o modo
de tomar o mar ou a planície,
de abrir-se às fantásticas presenças e mutações
que só a poesia possibilita. E agradecer por escrito.
Qualquer obra de arte só o é se contiver dentro de si
a poesia do sentimento artístico, do sentimento poético.

Viver na poesia é também dar um passo para o lado,
desviar-se do eixo inicial, derivar verticalmente do sonho.
O poeta é esse eterno andarilho celeste,
esse menestrel aliado ao soprar do vento
que traz poesia à mente e ao corpo
constantemente em estado de arte,
pronto para captar as vibrações do mundo.

Viver na poesia é também celebrar a vida aumentada,
atravessada por raios e trovões estrondosos,
ecoando o seu pulsante coração, martelando a necessidade
de unir-se em comunidades, de belas humanidades
e ideais, aperfeiçoando a arte de escutar o mundo,
de ajustar o ritmo da própria vida ao ritmo dos vivos,
de renovar a própria inspiração poética em exercícios irrepetíveis.

O poeta, como um inquieto apátrida, investe
no poema para compartilhar suas viagens e sofrimentos,

para falar de partidas e desgostos que recomeçam.
Transforma em poemas as pulsações do coração:
cada poema é um renascimento um retorno a si mesmo,
uma fé renovada no poder das palavras vulcânicas,
uma abertura ao respeito mútuo e à mobilidade.

Ora grito retumbante na noite do mundo
ora manual de (sobre)vida sob a árvore do poema,
o poeta carrega a voz de um nós: o rebelde,
o resiliente, o sedento de vida e de luz
resolutamente voltado para o futuro.
Através dele seremos transportados a uma ascese ética
e estética à mais nobre e sublime expressão da realidade.

De página a página, o poeta inventa palavras,
desvia slogans, brinca com a gramática e a conjugação,
questiona a relação com os espaços e as temporalidades.
O objetivo é fazer uma limpeza do futuro e
dar graças às felicidades do passado,
valorizar o presente sobretudo através da linguagem.
Fazer do silêncio a expressão da insondável realidade.
O poeta conecta rajadas semânticas e prosódicas,
que transformam a poesia em um
campo ilimitado de possibilidades.
Por trás da abundância – às vezes excessiva –
de homônimos e parônimos, talvez se deva ver
a busca da suprema harmonia, uma vertigem poética
que permite dizer o que a poesia pode.

É necessário, portanto, investir no poder
do neologismo, estar sempre pronto para
tomar de volta a versão do coração.

Celebrar em cada poema a felicidade de uma
linguagem poética livre e exaltada, dando a ler
tanto os seus acentos como os seus excessos:
para nunca mais perder a ênfase a vida.

Consegue-se assim, sem dificuldade, vencer o
cansaço pontual para saborear a melodia
das repetições e aliterações que tecem
outros elos na matéria do poema.
Ao navegar nas ondas contra ventos e marés,
revela o ser humano na sua autenticidade,
na sua fidelidade à liberdade e à língua que abraçou.

O veleiro aceita agora o fim da viagem?
O agitar frenético das velas indica sua firme recusa.
Como parar de sonhar? Como interromper a busca insondável?
No atlântico horizonte raios de sol tangenciam
lentamente a superfície das ondas.
Por momentos, o poeta fecha os olhos procurando mais firmemente
abraçar as velas, os raios de sol, as ondas, a natureza ao redor.
No despertar do sonho um novo poema emerge
revelando o reino do sublime.

Conversa com o búzio

Decifrador de mensagens, retalho da voz,
o búzio me espera na espuma da praia.
Que notícias das rochas e corais,
das ondas persistentes em sintonia
com os voos rasantes das gaivotas?
Peço-lhe para desvelar o meu amor distante
no imperturbável e infinito azul.
A resposta é um perturbador silêncio.
No entanto sei que estás esperando
por trás da janela do infinito.

Barco

Na travessia da memória
tuas velas abraçam o vento
num sussurro de palavras úmidas.
Transportas a voz, o sopro, o prazer.
Murmúrios se fazem presentes,
procurando esconder o inefável,
o persistente amor secreto,
na espuma insondável dos dias.

Navegando na ternura

A ternura será sempre um barco
onde me navego
resistindo ao meu tempo
de dias sonolentos.
Visto o meu presente
de brisas refrescantes.
Sorridente, embalo-me
como se fizesse despertar o futuro.

Azul

Azul nas águas furtivas,
calmas, passadas, mansas,
breves, turvas, fecundantes,
agitadas na imensidão
oceânica do amanhã
transfigurado e prometeico.
Azul inserido na existência,
no tempo, na memória,
na história, no próprio fluir
da incandescente linguagem.
Azul na errância esperançosa
do porvir luminoso.

Nas dobras do tempo

Perdido nas dobras do tempo
emergem marítimas recordações.
Que possibilidades nas infinitas travessias?
Inspiração viajante interpela suavemente
o erotismo verbal na vastidão do mar Índico
e suas secretas e perturbadoras inquietações.
Ao longe a brisa inicia sua caminhada.
Com ela, o mar feminino, presença de Eros,
afirma-se no mais íntimo do ser.

Correntes submarinas

Alterações cromáticas e sonoras
trazem o vento para o interior do poema.
Um abalo telúrico fertiliza o núcleo dos sonhos
e as ondas oceânicas empreendem seu bailado
num mergulho abissal na interioridade mítica universal.
Reencontra-se agora a identidade profunda
das identidades submersas.
É hora de lançar mão do arco e da lira
para a elaboração do amor
como magma da existência.

Nos mapas marítimos da poesia

A cartografia imaginária no movimento
sincrônico das ondas inscreve seu fazer poético
no mar absoluto e cósmico das palavras.
Apreende-se a emoção inexprimível,
o sentido profundo do existir humano
perante os sonhos que resistem
nas malhas intermináveis do tempo.

Na espuma das ondas

Lanço as palavras à água como pedras
para ver se se soltam ou se afundam.
E se em vez de pedras o que eu
lançasse fossem versos?
As sílabas, como pétalas, iriam dispersar-se
numa espuma sinuosa de ondas?
Se tivesse o domínio das marés
deixaria que os versos subissem
até formarem poemas e com eles
desenharia a linha branca do litoral.
Vogais, sílabas e palavras aguardariam,
então, a chegada do pescador-poeta.

Há um mar dentro de mim

Há um mar dentro de mim.
Nele viajam recordações de
momentos mágicos
numa caravela empurrada
pelo vento do teu corpo.
Emigro, então, com os ventos
à procura das tuas emoções.

ÓCIO DO AMOR

De olhos vendados pela noite
o corpo entregue a uma eclosão de corolas
rasga as ancas queimadas pelo sal da maresia
sonhando o abraço prometido
num leito de sombras.
Vem até mim pela fresta de uma
névoa de coxas matinais.
Abre teu ventre ao sinuoso
ócio do amor e desvenda
numa amplidão rosácea
a entrada estreita de uma
fonte de súbitos murmúrios.

Ondas

Capto imagens que se afastam
e já não sei onde estão onde estou.
Um mar e outro mar e mais
o mar do meu corpo e do teu.
A folha do amor a sua imperfeição,
a onda absorvida pela onda,
um desejo que vem de distantes origens,
o amor que se confunde com a coisa amada,
ar e concha, luz e sombra, próxima e distante.
Unir em uma só, ondas que vêm do infinito,
de corpos que flutuam, indecisos, tímidos.
Ao se abraçarem em meio às ondulações marítimas
celebram o encontro com o eclodir dos espasmos.

Quem sou?

Afinal, quem sou?
Sou um sonho inacabado
Sou a incerteza da certeza do que sou
Sou solidão
Sou apaixonado pela vida
Sou a cor da esperança
Sou uma aresta de beijos
Sou aquele que foi um sonhador contumaz
Sou o que não quer ser cores, dunas, flores
Sou um tempo a cicatrizar feridas
Sou palavras sonhadas
Sou um rio a desaguar
Sou um coração coragem
Sou lágrimas à janela
Sou o bote dos búzios
Sou o medo do alto-mar
Sou uma ilha perdida
Sou a derrota das derrotas da vida
Um dia serei a música
de um assombroso amanhecer.

NÁUFRAGOS

O amante e o escritor são os náufragos de um mar interior.
Um mar que tomou o lugar do insondável
– o passado que não cessa de regressar.
O que vejo agora são sinais de névoa,
intocáveis, delicados como os sentimentos.
Para te decifrar não basta amar-te,
seguramente é preciso algo mais.
É preciso saber que há em ti uma via mágica.
Saber o que dizes quando fechas os olhos.
Começar do nada, do acaso, do espanto.

DESEJO

A que porto dirijo a minha viagem?
Voz distante anuncia a tempestade.
De manhã recolho os vestígios da noite.
Mas que fazer com os despojos do desejo?
Nos teus lábios leio as contas do tempo.
Na imensidão atlântica, fios da memória
sinuosamente percorrem minha pele.
Onde está o navio tão repetidamente prometido?
Onde se esconde o mapa que me daria a resposta?
Onde resplandece o azul do céu que mitigaria meu desejo?

Reencontro

Invoco a voz do vento que crispa a água
dos lagos e enfurece o mar
numa ressaca temporal.
Procuro no teu sopro a voz forte
que se cansou do silêncio.
Vejo erguerem-se no horizonte
as velas do barco que transpôs
as fronteiras do instante.
Por ora… apenas o silêncio, antessala
do reencontro prestes a acontecer.

Quero ser aquele em que colheste a inocência

Quero ser aquele em que colheste a inocência.
És a essência da minha vida,
o fogo que me mantém vivo,
sempre ao meu lado, mesmo quando estás no Índico
me fazes sonhar,
me tiras da tormenta do oceano da vida.
Sou uma rede de malhas suaves.
Cada malha um afeto à vida,
nos teus braços,
nos teus beijos,
as cores do meu arco-íris.

Portas da noite

Pudessem abrir-se as portas da noite
para que se ouvissem o que cantam
as mais longínquas aves.
Dar-te-ia essa música de que é feita a sombra
para que as tuas mãos a transformassem
na matéria da respiração,
no som de um trago de fogo,
no lume brando da vigília
em que o teu contorno se esculpe.
Então meus dedos te percorrem,
circunvalando ângulos e colinas,
invadindo segredos e fontes,
demorando a viagem interminável
no porto dos teus cabelos
até chegar ao cais dos teus braços
para sentir a ondulação exausta,
a nua espessura do fim...

Horizonte

Escondes-me o horizonte com os cabelos,
para que sejas tu o único horizonte
e eu o possa tocar com as mãos,
moldá-lo à medida de uma navegação de corpos,
como barcos num sulco de lençóis.
Nessa viagem sigo a linha curva das tuas ancas,
deixando-me guiar pelos teus olhos,
que abres quando a tua boca se liberta
de uma espuma de murmúrios,
e colho dos teus seios os bagos do desejo.

O MEU CAIS

Em todas as histórias de amor que são chegada e partida,
há um cais que é despedida ou um cais que é reencontro.
Mas eu não o encontro.
Já percorri todas as cidades perguntando pelo meu cais,
os de barcos atracados que chegam com as marés
e não saíste de nenhum navio.
Talvez o lugar para onde foste seja um lugar só de ida
e não um lugar de volta ao cais de onde partiste.
E não haverá chegada,
só procura e partida
a tua, que há tanto tempo te foste
a minha, que de ti ando perdido.

Sempre que viajas

Sempre que viajas
nas asas dos pássaros,
um sonho e um vento sopram do longe
num barco de papel.
Sonho-te e falo-te do meu vazio.
Ouço-te sem te ver,
as palavras do longe
trazem imagens da paz que vem

ÍNDICO PAÍS

Há uma música secreta,
mas não a ouço.
Debruço-me sobre o som
que vem do mar.
Depois sobre o teu sono
suave, esperançoso.
Uns dias estás ao meu lado,
outros deitada na memória do
indescritível índico país.
Capto imagens que se afastam
e já não sei onde estão,
onde estou.

Um mar e outro mar
e mais o mar
do meu corpo e
do teu corpo.
A alga do amor,
a sua imperfeição.
a onda absorvida
por outra onda,
um desejo que vem
de distantes origens.
Um amor que se confunde
com a coisa amada,
ar e concha, luz e sombra.
Unidos numa só onda
corpos flutuam, indecisos.
É preciso e urgente
que tudo se gaste,
a saliva e o orvalho
o tempo todo
enquanto a boca se
mantém na fornalha.

Somos o que enviamos um ao outro

I

Somos cultivadores de distâncias,
enfrentadores de ausências.
No azul dos trópicos
oceanos se interpõem entre nós,
afastam-nos e aproximam-nos,
fortalecendo os laços afetuosos,
encorajando lembranças
numa interminável viagem pela memória.

II

A saudade bate e me estremece.
Te encontro em cada canto de mim.
Balanço no horizonte
para te procurar,
entre silêncios abafados
e desejos inacabados,
eu sou o grito
que clama por ti.

À DESCOBERTA

Nunca fiz grandes viagens.
Da terra não sei senão a que piso.
Dos lugares conheço aquele que habito
e os que vejo por detrás dos olhos,
cortinas que cerro para viajar.
Nunca li na Odisseia todas as aventuras,
naufraguei entre versos e recantos.
Marinheiro de água doce,
de Ulisses perdi rasto e embarcação
e da Odisseia li a espuma,
não as ondas, as descobertas, a navegação.
Na vida nada de assinalável ou relevante fiz.
Desperdicei tempo e vontades,
desbaratei oportunidades,
e dos sonhos que semeei
nada colhi.
Sei que não lerei na Odisseia todas as aventuras…
É chegado o momento de içar velas,
partir
e viajar à descoberta de mim.

FILIGRANAS AMOROSAS

APAIXONADOS

Folhas mortas seguindo o vento,
o rio correndo em direção ao oceano.
Os apaixonados desabam sob
a chuva de lábios entrelaçados.
Uma voz, duas palavras, uma condição.
Espaços condenados a se confrontarem
numa proposta de amor indecifrável.
Tudo agora é música nesta paisagem
sinuosa de nuvens em movimento.
Apenas a poesia, só ela, em toda a sua beleza,
faz ressonância dos sussurros do mundo.

O CANTO DO AMOR

Sempre foi rígido o teu rosto em todas as manhãs.
Um fio de silêncio, de lágrimas molhado
foi o espaço vazio que criaste,
o poema sem alma, a tela negra onde cravei os dedos.
Desconsiderei o corpo das palavras e
o meu grito interior para pedir um verso, um rasgo de cor.
Tu nada quiseste saber em todas as
manhãs derretidas em chuva.
Nasço todos os dias amparado em versos
que não têm mãos e logo se quebram
aos primeiros raios de sol.
Todo o meu rosto revela um roteiro de ansiedades
num calendário de esperanças,
todos os meus nervos estão marcados
pelos dedos vulcânicos da paixão.
Em todas as manhãs perdidas no leito da angústia,
só a ilusão foi minha amiga.
Para ela me arrastaram as nuvens e
com elas me confundi, com elas me perdi.
Sei que o meu lugar é aqui ainda que eu
não saiba o lugar que ocupo.
Faço que rio, faço que choro, faço que canto,
ao som ausente de um violino.
Mas não posso viver sem ti.
Mais do que nunca preciso de ti
para viver o amor, a mais bela das frustrações.
O meu silêncio, de espada em riste,
quebra os teus olhos azuis, e canta.
Canta uma melodia perdida nas montanhas,
algures para lá do arco-íris.

SILÊNCIO

No tédio das calmarias o sol pesado
do equinócio tateia o corpo desejado,
inscrevendo na sua pele o nome do porto
a que nunca irá chegar.
Os ventos no litoral que teus olhos procuram
guiam-me o desejo.
Como velas os lençóis erguem-se
em direção ao infinito.
Imperturbável... Apenas o silêncio!

Madrugada

Na madrugada de ócio
ouço a voz que ficou da insônia,
tateando sílabas exaustas
de um imenso abraço.
Sobre mim cai um relâmpago de seda,
um suco de palavras úmidas
percorrendo o corpo extenuado do desejo.
Os primeiros raios de sol testemunham
o que ficou por acontecer...

Fotografia

Teu rosto de linhas esfumadas
sob a mancha dos cabelos
obriga-me a perguntar a que corpo pertence.
Ao retirar tua foto de uma caixa de
papéis antigos é como se já
soubesse que te iria perder.
Ou como se tivesse querido que um dia,
ao olhar para o que ficou da tarde
em que nos amámos,
tivesse de perguntar quem és
e que destino desejavas partilhar
na memorial viagem.

NOITE

No cinzeiro da vida procuro
um resto de lume dos teus olhos.
Numa das vozes que o silêncio
começa a cobrir escuto o eco
da tua voz, as palavras pesadas do amor,
o arfar encantatório do desejo.
Ao romper a noite um violino participa
do momento que teima em se esconder
com seu lençol de sombras.

Perfume

De onde vem este perfume?
O céu despeja-o pelo gargalo das nuvens
e o chão brilha sob o líquido transparente.
E tu abrias a ossatura das palavras
com a lâmina doce dos teus lábios.
Pousavas cada sílaba na mesa escultural da frase
e era como se inventasses
cada significado do amor.

Ascese

O horizonte anuncia o fim da tarde.
Procuro, então, o desenho minucioso
das formas do teu corpo,
a luz vaga de um entreabrir de olhos
sob o reflexo incandescente de um desejo
que não cede à ascese do poema.

Paisagem

Todos os dias te encontro;
e todos os dias a manhã se concentra
no centro de ti quando de mim te aproximas.
Um movimento de cor te envolve
e faz do teu corpo o centro
da única paisagem que percorro.
Sob o sabor lento de uma realidade
é então que os sonhos se debatem
como se, tímidos, se tornassem inúteis.

Memória

Aquele rosto que veio ao meu encontro
para logo se esfumar numa névoa
de passos sem destino
ainda conserva o sorriso que teima
em se desvanecer com o tempo.
É assim que as sensações
conhecem o frio do efêmero,
impedindo que se goze a hora presente.
Mas lembro do segredo que os lábios fecharam;
e ouço no silêncio a sua voz,
a constelação de sílabas de uma despedida,
a úmida noite que guardei no baú da memória.

Escultor

Às vezes, é no teu rosto que um gesto
abstrato substitui o movimento exato
de um escultor de emoções;
outras vezes demoro-me a olhá-lo e
perco-me na expectativa de uma voz
que encha de luz o coração das sombras.
Quero ver-te assim, nua, neste véu de palavras
com que te envolvo num manto de seda.
Dar-te a pulsação que me conduz a ti
como o vento que empurra a ave
ou o silêncio que se converte em canto.

Murmúrio

Imagina a cama em que o sol se deita!
No frio da insônia os lençóis de fogo,
o travesseiro incendiado, o cobertor de
erupções magnéticas sob os teus cabelos.
Abre esse leito por inteiro e deita-te
sobre a chama branda que se acende.
Ouve o seu murmúrio redondo.
Bebe os líquidos de sua imagem
como se a fonte do sexo jorrasse nesse instante.
Vejo nos teus seios a luz trêmula amparada
numa hesitação de persianas entrecortadas
pelo fumo do desejo num desfiladeiro de emoções.

Estrangeiros

Limito-me a ouvir o teu silêncio.
É como se uma hélice de sílabas
fizesse rodar no meu ser a tua imagem
até que os teus olhos se fixem no meu rosto.
O que vejo agora é a melancolia sem diálogo
e um espanto inusitado e perturbador se instalou.
Descobrimo-nos estrangeiros um para o outro,
num cenário frio que se apresenta rasurado,
pois sequer temos nomes a inscrever na
agenda entreaberta que ficou por cumprir.

A primeira água do poema

Recebi essa mulher,
e abri-a como um fruto,
e passei pela sua pele a minha fome
temperada pelo vinho que me ofereceu.
Respirei o perfume das sensações
que têm o peso de uma folhagem de gestos.

Aprendi com ela o destino
dos rios mais longínquos
e viajei no navio da sua
nudez como o navegador
que atravessa o estreito
tantas vezes percorrido
de cada vez abrindo aos seus olhos
uma nova margem.

Mais vivo no coração da tarde,
arde o fogo nos teus lábios,
explode um desejo polvilhado
com o sal que escorre dos teus seios,
e os meus dedos recolhem
a primeira água do poema.

Amor trazido pelo vento

O vento, poetando e quebrando a monotonia...
Trazendo o cheiro da aurora.
Trazendo a voz rouca do mar,
passando como o voo do pensamento
que busca e hesita, inquieto e intermitente.

O amor não cessa, guiado pelo vento
por sua força exuberante.
Canta o silêncio quando soa
a hora da partida que escurece o jardim,
pois o horizonte é minha fonte.
A brisa sutil sopra a água suavemente,
ondulando o lago parado,
que reflete o sol e a beleza da paisagem.
Ventos se cruzam soprando palavras,
sons difusos vindo de longe.

Pedaços de versos do inacabado poema,
letras soltas a bailar no espaço.
Desenho sílabas e no seu invisível
crio um poema a vácuo.
Que guiem minhas asas ao voar.

Ventos do sul erguem
as areias, as conchas e as ondas,
poesia aberta pelo voo das gaivotas,
pela beleza, pela agraciada natureza,
pelo insondável mistério oceânico.

Nas trilhas românticas imensas,
perpassando as dunas bailarinas,
nos suntuosos penhascos poéticos,
nas falésias contemplativas,
no farol do teu olhar me encontro.

E na imensidão do mar, para além do infinito,
apenas o eco ritmado das ondas
me faz despertar para algo tão sublime.
Sim, agora ao teu amor eu me entrego
e no murmurar dos ventos ouvirei a tua poesia.

Corpos

Houve dois rostos que se reconheceram
e depois as palavras, a música, o desejo,
o silêncio deram o passo seguinte.
Dois corpos que se reconheceram
depois de terem atravessado rios
e mares, montes e florestas.
Alma, árvore, casa e casca que não
se cansam de buscar o paraíso perdido.

Cada diferença se revela no corpo,
na palavra, no desejo, no movimento,
inventando-se naquela cama de nuvens.
Raios de luz rebentam por todo o lado,
no mar e na memória da minha pele.
A sobra do meu corpo não me parece só minha.

O PRIMEIRO OLHAR

A que música fomos submetidos, a que movimentos,
ora suaves, ora agressivos, ora compulsivos, antes
de sermos esta troca de águas espontâneas e exaltadas?
Fragmentos que vêm de todos os lados de pulsões
irrepetíveis, que se concentram de forma vincada
neste pedaço da natureza que é estarmos aqui,
um diante do outro, ou estamos frente a um espelho?
Como esquecer o primeiro olhar, o roçar líquido,
a água triste do teu olhar introduzindo-se súbita e
suavemente em todo os recantos do meu corpo?
O movimento surdo, interior e trágico impulsiona
a dança da luz e das suas sombras revelando a
magia das palavras que falam sem lábios...

Inventário

Na noite úmida
instaura-se um silêncio ruidoso,
um desejo, um tumulto,
uma sede de lágrimas.
Nos olhos cerrados que
agora se abrem há um
espanto, um segredo que
entra pelos meus adentro.
Inicio o inventário da minha vida
e fico à espera que umas mãos de seda
empurrem subitamente a porta
e me digam sem vacilar
que o paraíso existe, sim.

E depois caminho, umas vezes com
os pés bem firmes, outras vezes com
as asas rasgando o céu, outras vezes
no espinhoso, labiríntico e
surpreendente jardim interior.
O peso indefinido da penumbra
que nos une e que todos
os dias vamos transformando
numa luz que nunca deixa
de ser obscura e que mesmo
quando enfrentada nos cega.

Fogo lento

A pele, sinto-a agora toda
nos meus dedos quando aos
poucos me ajusto ao teu corpo.
Entrego-te o meu fogo lento, despojado,
sonho de sombra ou sombra de um desejo.

Não te abandonei, apenas me
recolhi um pouco para tentar
compreender a luz, o estímulo,
a sedução que existe nos
teus gestos tão discretos.
Depois o teu perfume é,
também ele, aquele das
flores ao vivo que tu
delicadamente colhes,
como se o amor me coroasse
não de rosas, mas de violetas,
as mais belas do teu jardim.

Como depois de tudo possuir,
depois de tudo sentir,
eu agora não tivesse nada,
apenas estações vãs,
mistério e sombras tão fundos
como essa música que se espalha
magicamente ao nosso redor.

Decifrando o olhar

O teu olhar disse-me que o amor
é um pouco de mistério por decifrar.
Mistérios múltiplos penso eu.
E que não precisas de anos e anos
depois do impulso inicial para os decifrar.
Quantos anos são necessários?

Auroras e naufrágios enfileiram-se
ordenadamente na linha do tempo.
Não há palavras que possam
descrever tua exuberância discreta
como uma flor nem a crueldade
similar à de um fogo na floresta.

Chamas são agora as labaredas
que em mim derramas copiosamente,
que parecem condenar-nos,
doce condenação a uma eternidade
que vamos perseguindo, incansáveis.

Luz

Na escrita do corpo a lei é outra.
Os amantes têm tanto de
ferino como de mansidão.
Seus despojamentos são radicais, como os do
poeta e os dos sonhadores enamorados.
É o todo que nele se encontra
num ato único, último e trágico
de devoção e entrega.
Levo comigo para o infinito
uma imagem e um gemido.
Nesses momentos tudo
se transforma em luz,
uma luz crescente pouco a pouco
em fogo transfigurada.
Uma luz branca e líquida
que se derrama
de um vaso que mais
parece uma fonte.
Uma luz que só se
vê além do tempo.
Uma luz que só se
pode encontrar
num rosto ou num corpo nu.
Uma luz que brilha num espasmo,
coisa líquida, fulgurosa, miragem!

Aprendizagem

Quantos milênios de solidão
foram necessários para que a tua
mão aprendesse a sorrir no meu rosto?
Quanto tempo de longa impaciência
levamos nós a aprender o olhar para
uma árvore, a polir um verso, a amar
as águas profundas reveladas num olhar?
E tu, meu amor, com vários nomes,
quantas estações respiraste no teu
passado até seres capaz de transformar
em Primavera o Outono do meu corpo,
as regiões desconhecidas de um coração
que não cessa de florir?

Reverência

Longe de ti sou um corpo mais pobre,
um ser entre o sono e a febre,
reduzido a esperar-te,
imaginando que vens
sabendo que não podes vir.
Sou um homem que se deixa
consumir pelo medo como
se não conseguisse sobreviver.

Saberei esperar?
Se nem sei se te afastas
ou se te aproximas!
Enrolado em areias que
não vejo, areias frias,
perdido num deserto que
se abre em todas as direções.

Abraço o tecido do teu corpo,
subo contigo à montanha mais
alta para ouvir o inaudível
e depois um certo rumor
indefinido e persistente.
Um frescor que se abre ao
meu corpo desesperado.
É hora de reverenciar
o momento sublime!

Busca

A vida inteira a buscar,
em vão, uma forma
que me revele de
modo mais profundo
o sentido da minha vida,
os desígnios do seu pulsar.
E eis que leio, não nas
obras de arte, mas nesta flor,
rompendo nas sombras da alvorada
essa troca de idades que eu
próprio sinto quando amo
a mulher dos meus dias.
O que terei perdido para
agora encontrar esta frescura
na pedra e na flor que,
por acaso, descobriram-se irmãs
e ambas, inevitavelmente,
efêmeras em sua finitude.

Visita

Amor único e banal,
como a brisa que abraça
a canção do vento
no dorso das montanhas...
Músculos nervosos, como
as sílabas do meu sangue
quando te amo e me reconheço
no teu olhar quase mudo...
Através desse amor, que retoma
o pensamento mais antigo,
esse, que é só sensação,
o sentimento de uma rocha
visitada por uma flor solitária
no ápice amoroso.

Enigma

Amar-te é viver num
paraíso distante,
num país antiquíssimo,
onde cada gesto
é uma gentileza,
cada palavra uma festa.
Enquanto te escuto
visto-me de luz
para melhor ouvir a fonte viva,
a tua voz incandescente
transportada pelo vento.

Um doce prazer invade a
câmara escura de minha tristeza.
Pressinto no murmúrio das águas
o aviso de um tempo que não volta.
Cada página é agora
uma paisagem enigmática,
um berço de sombras melancólicas,
um tapete sinuoso
de algas escorregadias,
uma cascata esmagada pelo sopro.

Vigília

Células de escrita pouco
a pouco se expandem e me
afastam para outros caminhos.
Há uma energia brusca
que me empurra
da fúria para a melancolia,
da melancolia para o desejo,
do desejo para o desregramento.
Onde está meu sono
entrecortado neste quarto mítico
povoado de fantasmas?

Quero!

Quero ver-te surgir da neblina, sonata quebrando o silêncio.
Quero emendar meus dedos em teu rosto e colher a fragrância dos teus gestos.
Quero balbuciar em teus ouvidos os devaneios do vento.
Quero ânforas e paisagens de papoulas, bálsamos da minha inquietação.
Quero habitar a mesma noite em que habitas.
Quero ouvir teu respirar e as pausas que me crispam de paixão.
Quero a noite onde dormimos, floresta de estrelas e de sons.
Quero arco, quero flecha, dirigidos por inteiro ao azul de teu sonhar.
Quero olhar teu corpo primavera e nele repousar minha vigília.
Quero mar, búzios e algas serpenteando teu corpo.
Quero ser sombra da lua em tua língua, orvalhar maçãs em teu descanso.
Quero esculpir minha boca e habitar manhãs nas colinas de teus seios
Quero quebrar as folhas coladas em teu ventre para desejar o mapa do desejo.
Quero desnudar-te e desaguar meu corpo em teu corpo.
Quero chuva escorrendo no poema ao som de flautas e gemidos.
Quero-te a ti por inteiro, meu amor, minha paixão!

Despedida em Roma

Entreaberta, a porta do quarto
espreita nossa despedida.
Primeiro o abraço apertado.
Depois os lábios se procurando num intenso,
frenético e apaixonado beijo.
Cinjo tua anca e acaricio teus cabelos.
Enlaçados partimos.
Agora, ao atravessarmos a rua
nossas mãos namoradeiras estão enredadas.
Ainda um rápido e tumultuado beijo
à entrada do viaduto rumo à Fontana di Trevi.
Te perdes na multidão da praça luminosa
enquanto mergulho, anônimo,
numa viagem para o nada.
Só a ausência de ti!

Sob o manto de Paris

Uma voz de blues
às vezes veludo, outras vezes vibrante.
Um olhar meigo
descansando em meus olhos.
Uma troca de palavras
numa partilha de afetos.
Algures em Paris,
França e Moçambique se dão as mãos
sob o manto europeu silencioso.
"Ne me quittes pas" embala nossas sílabas.
Te emocionas quase à beira das lágrimas
enquanto escondo as minhas.
Michelle, bem "perto", acaricia-nos com o olhar.
Despeço-me depois de sempre te ter conhecido,
levando comigo a réstia do sublime
que ficou por acontecer.

Mais uma vez quero

Mais uma vez quero
viver as loucuras de
nós dois.
A sós
somos gemidos, sussurros e
uma ânsia incontrolável,
enlouquecendo o
ato de amar.
Os dois nos amando,
nos possuindo como
bichos no cio,
corpos suados,
frenéticos,
no compasso rítmico
da paixão.
Saciados, cansados,
felizes,
descansaremos e
dormiremos
em paz.

Brumas matinais

Observo as paisagens emolduradas pelas brumas.
Reparo como a aurora é ainda uma promessa.
A luz da noite teima em prolongar-se em dias
em que a penumbra demora-se nos campos.
A caminho da manhã que tarda as brumas vão baixando.
Gotejam nas suas gotículas quase imperceptíveis.
Tomam conta da atmosfera, tingindo de escuro
a demorada noite, adiando a luz do dia.
As brumas anunciam-se de mansinho.
Chegam, quase indeléveis, tomam conta do horizonte.
Cobrem o céu de um espesso véu
que asperge o solo com gotas finas.
Ao longe, é como um manto que abraça
os campos, asfixiando-os com a umidade.

São as brumas que fazem a ponte entre a noite
que se desprende e a luz da alvorada
que vai irrompendo com timidez, furando a
barreira de chumbo conquistada pela névoa teimosa.
Uma estranha calma vem com as brumas.
O vento suspende-se, como se fosse
possível pará-lo no ar, torná-lo inerte,
enquanto as brumas são donas do tempo.
Elas são um ingrediente essencial
destas paisagens que se mistificam.
Estas brumas que adensam um manto
feito de penumbras desvelam o ambiente mágico
feito das sombras que se deitam sobre os campos.
E agora sou tomado por um suave,
delicado, quase imperceptível toque de romantismo:
o mais lindo e surpreendente é que eu
imagino-te, meu amor, nestas paisagens...
Elas ficam, então, completas...

Ao cair da noite em Santorini

E colori as minhas mãos e as tuas
para extinguir de nós o azul ausente.
Enfim, derramamos simplesmente
a melodia do vento que soprava em nossos olhos.
Afogados em nós nem nos lembramos
que no excesso que havia em nosso espaço
pudesse haver um azul também cansaço.
E perdidos no azul nos contemplamos
e vimos que entre nós nascia um sul
vertiginosamente azul: azul.

QUANDO A NOITE ACORDA

A tarde está competente para rosas
servidas com luxúria na copa da tua mão.
E adormeço na madrugada,
nas penas que forram o teu peito
e me aquecem o sangue devagar.
Quando a noite acorda orvalhada
e há auroras boreais no trópico de Capricórnio,
aceitas o convite para rasgares a noite comigo…

Já fui eu sem mim

Já fui um universo de ilusões.
Já fui menino. Já fui homem.
O que ainda não fui fica guardado nos teus dedos.
É no silêncio da noite que ouço o grito da minha solidão.
Recolho todos os pedaços do vento.
Neles encontro o teu olhar.
A solidão parte como peregrina do tempo.

Assaltar o tempo

Quero pintar o céu da cor dos teus olhos
e afastar as nuvens
para elas não te entristecerem e nunca chorarem.
Vem comigo assaltar o tempo
com aquelas palavras só nossas,
num abraço teu com ternura.
Vem, estou aqui.
Espero-te.

A outra margem da tua noite

Esperando o abraço da noite silenciosa e cativa
vem, devagar
desce de mansinho
nas varandas interiores do meu corpo.
Desejo a outra margem da tua noite,
feita das tuas mãos,
pelo meu corpo cansado e saudoso.

A SOLIDÃO

Não é uma ilusão,
ela tem até sabor.
Um gosto amargo de dor.
Ela é vazio sem significado.
Ela é silêncio redobrado.
Ela é um instinto exacerbado.
Ela é passo desgovernado.
Ela é uma ansiedade presa
em total liberdade.
Ela é um destino sem rumo.

Longe... Tão longe

I

Te busco.
Teço-te suavemente nos meus dedos
para dormir na escuridão desse longe,
sempre tão longe.
As sombras da noite levam-te para o distante.
O teu nome acorda-me.
Quando te penso
vives em cada palavra que escrevo.

II

O vento que brada dentro de mim
fustiga a minha alma revestida de ti.
Despertei-te os sentidos,
colhi em ti a flor da noite e
banhei-me no orvalho das tuas madrugadas solitárias.
Guarda em ti as flores perfumadas dos sonhos e
deixa-me viver à sombra dos sussurros que calaste,
dos beijos que não deste.

Nos caminhos do amor

Ela gostava de sublinhar
as coisas do amor
de traços marcados na pele,
da acentuação dos gestos,
da afirmação dos sexos.

Ela gostava das conjugações
dos caminhos do amor
de composições complexas,
de corpos reflexos,
desejos incondicionais.

Ela gostava de chegar
de mãos suaves e vazias
e de partir
deixando o olhar no infinito.

Sonho

Procurei o meu corpo ao acordar.
Encontrei-o cansado.
Deitado numa posição estranha.
Nada habitual.
Quando o vesti tinha um cheiro que não era o meu.
E doíam-me na pele marcas de que não me lembro.
Soube que me tinhas sonhado.
Ausente de mim no sono,
o meu corpo vagueou nas tuas mãos.

Meu abrigo

De todas as coisas, nenhuma
é bela como os olhos do meu amor.
De todas as coisas, nenhuma
é livre como as mãos do meu amor.
De todas as coisas, nenhuma
é forte como o corpo do meu amor.
Por isso das coisas digo o nome,
mas do meu amor canto
a beleza do olhar com que me envolve,
a liberdade nas mãos quando me toca,
a força do seu corpo, meu abrigo.
De todas as coisas digo o nome,
mas do meu amor...
O nome canto.

Em ritmo de blues

Amo-te por vezes
em ritmo de blues,
numa cadência que embala
com a suavidade que têm
B. B. King ou Gary Moore.
E o amor é calmo e lânguido,
e o teu corpo uma guitarra
que dedilho em gestos lentos.
Outras vezes amo-te,
com a raiva e o lado selvagem
do blues de Nina Simone
cantando "I put spell on you".
E o amor é fome insaciável,
impulso animal, predador.
E o teu corpo alimento
que procuro para o meu.
Mas quando por fim
o cansaço nos invade
e repouso nos teus braços,
amo-te em sons de Metallica,
sussurrando "Nothing else matters"
enquanto o amor for assim.

Centro do teu centro

Quando estendias a mão começava a viagem
e eu, perdida a razão, esquecia pensamentos.
Tão intenso o sentir, tão violento o desejo,
tão nítida a consciência do corpo.
Tu puxavas-me para seres centro do meu centro,
eu ancorava-me em ti algemado às tuas pernas.
E tu crescias e tu erguias-me,
e eu ganhava asas, e subia e voava,
e tocava estrelas, e via o paraíso.
E era do paraíso que te diziam os meus olhos,
e era no paraíso que o meu corpo queria entrar...
Mas tu seguravas-me querendo-me terra, querendo-me sólido,
e prendias as minhas asas, e refreavas o meu ímpeto, e adiavas-me no teu centro...
Parando...
Prendendo-me...

Subjugando a minha vontade...
Retendo-me.
E eu, sem ar, procurando a tua boca,
respirando-te.
O corpo tremendo, o peito batendo, não querendo pausas,
não querendo parado
o teu centro no meu centro.
E tu oscilavas embalando-me nos braços,
tentando marcar o compasso e recomeçar devagar.
Mas já o meu corpo bramia
a razão perdida,
a cadência lenta que eu não queria,
a partida veloz que eu te exigia e tu me davas...
E o mundo invertia-se, e a terra era o céu, e o céu era a terra,
e eu rodava porque tu rodavas,
e o paraíso estava na cama,
e as estrelas estavam no corpo feito gotas de suor,
e o tempo nos meus braços,
e o teu centro no meu centro...
E era eu que te puxava, e era eu que te exortava, e era eu que te exigia.
E tu subindo, e tu seguindo-me e eu erguendo-te.
Eu, as tuas asas,
para ser uma a jornada,
para ser um o caminho,
para chegarmos juntos ao destino
e ser corpo e paraíso,
e ser centro do teu centro.

As palavras que sinto

Para escrever de emoções que sejam desmedidas, excessivas,
loucas, desregradas, descomedidas, exageradas.
Que no amor eu seja vulcão e não fogueira,
que seja terramoto e não tremor,
que seja pátria e não terra,
que seja causa, objetivo,
estandarte, bandeira.
Se escrever dor
que seja tão grande que me despedace,
que seja tão cortante que me separe,
me quebre,
me parta aos pedaços,
e que as palavras sejam urro, uivo, grito imenso,
não queixume brando, pranto, pálido lamento,
pois escrevendo escreverei dor maior,
e o poema será mar de mágoa,
oceano de sofrimento.
Como escrever não sentindo ira,
revolta, impotência,
e o desalento
de paixão serem as palavras que sinto,
e amortecidas, pequenas, banais,
me saírem das mãos,
me escorrerem nos dedos.

De onde te escrevo

Os relógios pararam às 4 da tarde
de onde te escrevo.
A hora não passa,
o tempo não existe
de onde te escrevo.
Não há uma brisa,
não corre uma aragem
de onde te escrevo.
O vento não sopra,
o vento não toca,
recusa a carícia,
recusa o afago
as flores e as árvores,
de onde te escrevo.
O céu é azul só porque é hábito,
as nuvens pararam,
estacionaram no céu.
Tudo te espera,
tudo te aguarda,
desde as 4 da tarde,
de onde te escrevo.

O PRESENTE EM BUSCA DO PASSADO

Quando me releio faço-o com os olhos de quem me lê.
E em cada palavra procuro encontrar a emoção,
o sentir da palavra
que me agarre,
que me toque,
me traduza e me diga:
sou eu ali.
Mas há sempre a sensação de invadindo espaços alheios,
trilhar rumos já percorridos,
caminhos outrora pisados.
Não volto à palavra como coisa minha.
Ninguém volta ao que era.
Ninguém sente no presente
o que no passado foi.

NÁUFRAGO

Vês-me aos encontrões no nevoeiro,
sem terra debaixo dos pés,
à procura de um ponto de apoio,
à procura de um princípio fiável da verdade e nada me dizes.
Pensar é garantia imediata do caminho da verdade,
ainda que não deixe de nos acompanhar
a dúvida imensa e incancelável.
Dizem alguns que o tempo da beleza já passou,
que a arte será cada vez mais científica
e a ciência cada vez mais artística.
Mas não fazem ideia do que dizem.
A arte e a ciência, a ciência e a poesia,
podem fundir-se, é certo, dentro da progressiva
cumplicidade entre as Ciências e as Humanidades,
mas apenas quando a perversidade
dá lugar à música do percurso.
E tudo isso nos leva a crer que a ciência
pode, deve e tem de conviver contigo.
Todo o homem que te ama de verdade
morre sempre na incerteza do seu próprio valor.

Na vida dizemos muitos *adeuses*.
A lugares, a amigos, a relações,
a gente que morre e a gente que se despede,
a coisas que se acreditam e nos enganam.
Só à verdade não é permitido dizer adeus.
Será por isso que tentas escondê-la de mim?
Consideras divertido esse teu espaço
eleito como ideal mítico e atrativo,
capaz de nos catapultar até a excelência interpretativa,
mas o que nos mostras é uma cortina de fumo
que me esconde o fogo
e a espontaneidade da luz.
Entre amanheceres e crepúsculos,
exiges-me a verticalidade do meio-dia,
amargamente impossível neste balancear
incessante entre a intensidade do meu sentir,
a que não é alheia à tua sensualidade,
e a polarização dialética e simbólica.

Dentro das alegorias possíveis e
de uma espécie de polifonia pictórica,
considero-te a música do Universo,
a mulher reinventada nas vivências e
passagens do tempo, elemento de
candor poético na intimidade do cotidiano.
Mas pago bem caro pela aspiração da tua pureza,
pela procura da tua inocência,
pela adoração da tua beleza,
pela ansiedade do teu absoluto,
que fazem de mim um náufrago de sonhos
preso nos lastros da realidade.

Liberdade

Que fazer da liberdade que urge em mim?
Senão ser apátrida, sem casa,
e partir sem saber destinos,
e errar sem saber caminhos,
se assim é o pensamento,
se assim sou eu e a palavra?
Que fazer da vontade de tudo ser?
Senão tudo ser, sendo quase nada.
E dividir-me a todo o momento,
e uno ser no pensamento.
Pois um sou
eu e palavra.

VONTADE

Tantos lugares existem no mundo
que nunca verei.
Tantas palavras escritas em livros
que nunca lerei.
Falta-me o tempo,
faltam-me os passos,
sobra-me o querer.
E essa vontade tamanha do mundo,
e essa força maior que viver.

SENSAÇÃO DE ADEUS

Há uma sensação de adeus
em tudo o que olho,
como se a qualquer momento
o brilho das coisas diminuísse,
a cor se esbatesse,
os objetos perdessem nitidez.
Há uma sensação de perda
em tudo o que sinto,
como se a qualquer momento
o frio me invadisse...
eu me tornasse o frio
e, imobilizado no gesto,
fugaz como o brilho,
desaparecesse.
deixasse de ser eu.

Hoje não

Hoje quero deitar-me num campo de girassóis
embrulhado em réstias de sol e de calor.
Quero rever-me em estrelas e uma a uma colhê-las,
e ver na lua o teu rosto que me sorri e me vigia,
e me diz com um piscar de olho:
— Preguiçoso! Nada fizeste todo o dia.
E eu calmo, sonolento, sorrindo no teu sorriso, ofertando-te uma estrela,
Murmurando, dir-te-ei:
— Amanhã serei capaz, amanhã serei audaz.
Mas hoje não... Porque vieste.
Hoje não... Que estás comigo.
Hoje não... Que és luar
que me banha e me deleita,
que me toca e se deita
ao meu lado,
num campo de girassóis adormecidos.
Amanhã eu farei tudo!
Mas hoje não...
Que te tenho nos braços e adormeço contigo.

Inquietação

Há uma inquietação, um desassossego
sempre latente, sempre presente,
e nada do que faço me satisfaz.
Tudo me parece pequeno,
há uma vontade de quebrar barreiras,
de ousar como se não tivesse laços,
como se nada nem ninguém
me pudesse impedir os passos,
limitá-los,
impor-lhes um rumo,
uma direção.
Há esta ânsia de liberdade
que escondo num canto para ninguém ver.
E há a vida que me diz:
És pequeno,
sempre serás pequeno,
chegou a hora de o entender.

JOGO A VIDA

Dentro de mim
há montanhas de picos agrestes,
rios revoltos,
oceanos de tempestades.
Dentro de mim não há abrigos,
lugares de luz
isentos de perigos
de tranquilidade.
E a cada noite mal dormida,
a cada sonho sem saída,
a cada ilusão desperdiçada
jogo a vida
na esperança da partida,
do abandono,
sem retorno,
sem chegada.

Amor e palavras

Minhas as palavras
nas minhas mãos.
Não dirás a palavra nunca,
a palavra sempre,
a palavra jamais.
Porque fechadas no meu peito
pertencem-me,
amor e palavras.

Lembras-te?

Eu deixava e tu entravas,
e eu movia-me e tu parada,
quente e esperando,
e pousavas a cabeça no meu ombro,
e bebias no meu pescoço,
aqui, onde o pescoço e o ombro se encontram,
e tu te encontravas matando a sede que tinhas de mim,
e a tua boca era quente mais quente
que a pele de onde bebias,
e eu sorria de ser assim, a tua água,
e tu matando a sede e a fome
e murmurando enquanto me bebias:
"Ninguém é assim como tu líquido e mar",
e eu movia-me e era sólido e rocha nas tuas coxas,
na tua chave abrindo portas...
Lembras-te quando o tempo era quente e líquido o amor?

Se ouvires bater à tua porta

Se ouvires bater à tua porta
e ao abri-la encontrares
palavras que te esperavam.
Se mesmo depois de pisadas
se levantarem e te seguirem,
se te envolverem como nuvem
e te cegarem como fumo,
se te queimarem como fogo
e te morderem como cães.
São minhas!
Fui eu que as gritei ao vento
fui eu que as soltei nas ruas
fui eu que as mandei procurar
os lugares onde te guardas
fui eu que as mandei perguntar
foram elas que te escreveram
nas paredes das cidades
foram elas que te descreveram
a todos os que passavam
e procuraram em todos os olhos
vestígios do teu olhar
e nos seus braços os abraços
até chegarem à tua porta
e baterem nos teus ouvidos
e calarem a tua língua
e rasgarem o teu corpo
e me arrancarem de ti.
E retornarão tranquilas
a mim, as minhas palavras.

Se eu pudesse

Se eu pudesse seriam tuas noites
tão repletas de sonhos,
visões de delícias, prazeres e fantasias,
que acordar seria um tormento
e quererias a todo o momento
que o anoitecer chegasse e o sono te transportasse
para um mundo pleno de encanto e magia.
E seriam os teus dias escuridão e espera,
e teriam tuas noites tal esplendor e claridade
que temerias do dia o crepúsculo
e o dissolver da minha presença realidade.

Gestos de desejo

Chegar de longe, de tão longe,
e esquecer de onde se chega,
e esquecer que foi ausência
o tempo em que fomos dois.
E querer-te meu poema
inteiro, descoberto, completo,
corpo nu que reinvento,
corpo nu que alimento
poema amor, poema afeto,
ternura guardada em mim.
E nos gestos de hoje,
sem passado.
E nos gestos de desejo,
adiados.
Descubro os meus
secretos, calados.
Descubro os teus
que sonhei em mim.
Chegar de longe, de tão longe...
e querer-te meu poema
e saber-te minha rima
e amar-te corpo meu.

Momento único

É em mim que tua boca arde.
É em mim que calas palavras.
Exatas
Perfeitas
Precisas
Desnecessárias no amor.
É em mim que tuas mãos nascem.
É em mim que teus gestos crescem.
Minuciosos
Perfeitos
Precisos
Delineando o amor.
E quando em mim o teu corpo morre
E quando em mim gravados ficam
Perfeitos
Precisos
Todos os teus sinais.
É em mim que tu renasces
porque em mim tua alma fica
Fechada
Escondida
No momento único
em que sou o teu tempo
e tu o meu lugar.

Dei-te o meu mundo

Vi pelos teus olhos os lugares onde estiveste,
nas tuas palavras viajei,
vi as cores, as terras e as gentes,
e pisei o mesmo chão.
Depois dei-te o meu mundo
e as cores que trago nos olhos.
O verde-escuro da paixão
quando mergulho no teu corpo,
o azul-claro da ternura
na hora que é paz e repouso,
e os cheiros
meus e teus
que guardo e levo nas mãos.

Parte só amanhã

Parte só amanhã
não hoje que ainda não tenho as palavras
não hoje que não estou vestido a preceito
deixa-me antes encontrar o jeito
certo
e o tom
para te dizer calmamente
então adeus, podes ir.
Se partisses hoje choraria
se partisses hoje ver-me-ias
vestido de mágoa e de pranto
quebrados ilusão e encanto
de te saber aqui e presente.
Amanhã podes partir
amanhã ou no outro dia
vestirei roupas alegres
e esperar-te-ei onde sempre te espero
sabendo já que dirás.
Mas hoje não que não é hora
nem tenho roupa adequada
e quero que seja tão bonita a despedida
como foi a tua chegada.

Tão leves as tuas mãos

Tão leves as tuas mãos que nenhuma marca ficou
Tão leves que certamente só me sonharam
Ou as sonhei porque as queria na minha pele
Árida de carícias
Ávida das tuas mãos.
Não sei se foste tu que escreveste com saliva poemas no meu corpo
Poemas rios que me molharam e segredaram
Palavras por ti nunca antes ditas
Não sei se senti rios e pensei poemas
Deserto que estava de palavras e saliva.
Não sei se no meu corpo o teu mora
Tão tênue teu corpo
Tão breve sonhar.

Noturnos desejos

Apagada a luz que adormece o dia e ilumina as coisas,
fica o escuro que acende os sonhos escondidos na alma,
escondidos no corpo
escondidos do dia
e emergem da noite mãos
e nascem da noite gestos
noturnos desejos
secretos anseios
adiadas carícias.
É no escuro que os dedos se movem
ocultos, cobertos, invisíveis,
explorando do corpo lugares e formas,
encontrando nele recônditos esconderijos
que levemente afloram
que suavemente tocam
e sabiamente ao corpo conduzem
do leve e noturno gemido
ao rasgar do silêncio
ao luminoso e aceso grito.

Na tua mão

Fecha-me na tua mão,
se nela me fechares estarei seguro,
se nela me guardares nem os meus medos
de mim saberão e de mim perderão todos os sinais.
Depois...
Depois leva-me para onde fores,
num bolso fechado,
num canto do peito escondido
que de mim me quero perdido
e por ti perdido de amores.

Por que não te foste?

Ai… Por que não te foste?
Por que te tornaste sombra da minha sombra, corpo do meu corpo, ar que eu respiro, luz no meu olhar?
Por que me colaste os passos aos passos que deste?
Agora percorro as ruas e só te vejo a ti,
em todos os cantos, em todas as formas, em todos as outras.
Nem sei se te procuro
ou se me procuro em ti.
Por que não te foste como prometeste?
Por que é que ficaste tão dentro de mim?

Um novo amanhecer

Que a noite venha e me cubra
E que a noite seja paz
E que a paz sejas tu
E a noite o teu corpo
E o teu sono o meu sono
A tua mão na minha mão.
Que a noite
Teu corpo seda que procuro
E onde me escondo
Seja a noite dos amantes
Corpos que repousam
E encontram um no outro
Um novo amanhecer.

Apenas cadernos amarelecidos

Que dirá de nós o amanhã?
Quando os dias em que nos amamos
forem folhas de calendários
arrancadas e esquecidas.
Quando as marcas dos nossos passos
caminhando juntos
desaparecerem,
cobertas por outras marcas, outros passos.
Quem dirá de nós o amanhã?
Quando do nosso amor nada restar,
nem a saudade,
porque dos corpos seremos já ausentes,
não ficará do nosso amor senão palavras
escritas em cadernos amarelecidos
desbotados pelo tempo.

Amor

O amor é uma palavra!
Mas enquanto é sim
Mas enquanto é grande
Mas enquanto é tudo
Mas enquanto é sentida!
O amor é carne!
O amor é sangue!
O amor é fogo!
O amor é corpo
E é seiva
E é vida!

Vem

Vem
Caudalosa como um rio
Que procura destino e foz
Vem
Assombrosa como a luz
Na hora final no ocaso
Vem
Inesperada como a chuva
Em dia quente de estio.
Serei calmo e constante
Permanente e amante
Teu abrigo
Tua certeza.

RELÂMPAGOS
POÉTICO-POLÍTICOS

Nas sílabas no vento

O poema abre suas janelas para que entrem sílabas
com aroma de letras púrpura.
Por vezes, as palavras chegam tarde à poesia
por falta de vento que as leve às folhas.
Mas, às vezes, a palavra é tão intensa
que entra pelas suas frestas.
O som que as sílabas fazem ao cortar as palavras
é igual ao eterno ventre do Universo deslumbrado.
É como a brisa que invade o poema com sua leveza.
Haverá algo mais sublime do que a música de sílabas
repartidas pela arte dos sons ao vento
no vasto mundo à espera do recomeço?

Trair a branquitude

Sem nunca ter sido nomeada
a supremacia branca é o
sistema político que fez do
mundo moderno o que é hoje.

O racismo inerente ao mundo ocidental
contemporâneo e constitutivo dele
não é uma "exceção" ou um acidente,
mas, ao contrário, um sistema político
como qualquer outro e, como qualquer outro,
permitiu estabelecer uma dominação
perfeita, universal e implacável.

Nunca tê-lo nomeado e, portanto, informado,
não nega, de forma alguma, sua mera existência.
É um fato que se existe um "contrato social",
no sentido que o definiram certos autores clássicos,
dotando-o mesmo de matizes, ou seja,
uma comunhão voluntária para
o suposto lucro de todos, ou ainda,
um movimento que pode ser acompanhado
como indo do individual ao coletivo,
do estado de natureza ao de homem civilizado,
esse contrato é feito entre os brancos e seu único lucro.

Porém, cabe lembrar, como o nome indica
um "contrato" é suposto ser pactuado e voluntário,
é até o que torna o estado democrático liberal "ético",
mas podemos imaginar que um não branco
seria voluntário em um contrato onde ele é tratado
como um objeto e onde ele tem tudo a perder?

Pode-se dizer, como regra geral,
que a incompreensão branca
a deturpação e a cegueira deliberada
sobre questões relacionadas à raça,
estão entre os fenômenos mentais
mais difundidos dos últimos séculos,
uma economia moral e cognitiva
psiquicamente necessária para
a conquista, a colonização e a escravidão.

É preciso levantar o véu para nos
permitir olhar o mundo de frente,
como ele é e entender que espaços,
corpos e até mesmo o campo do conhecimento
sendo moldados pelo mundo branco,
o mundo sob o qual realmente vivemos,
mesmo que seja tácito, requer antes uma
forma de acordo para interpretar o mal do mundo.
Pode-se dizer também que esses elementos
constituem uma proteção conveniente
para a consciência (branca).

A cronologia é, a esse respeito,
um esclarecimento adicional.
Há diferentes tempos históricos,
primeiro o da supremacia branca de jure,
explícito, transparente, proclamado,
enquanto o contemporâneo, mais dissimulador,
é também mais tortuoso e baseado no legado da conquista.

De forma um tanto natural a raça tornar-se-á
o elemento saliente da teoria moral e
política dos não brancos ao ser, em geral,
minimizada ou apagada da teoria moral
e política pensada pelos brancos.
Simplesmente porque em um sistema político
estruturado pela raça, as únicas pessoas
para as quais é psicologicamente possível
negar a centralidade da raça são aquelas
que são racialmente privilegiadas,
para quem a raça é invisível precisamente
porque o mundo está estruturado em torno delas.

Reivindicar o *status* moral de pessoa,
isto é, dizer, reconhecer e fazer reconhecer
a própria humanidade é, sobretudo,
para os outros que se deve escrever
e sensibilizar constantemente.
Ainda precisamos de muitos, muitos,
muitos brancos renegados e traidores da raça,
porque, não esqueçamos,
trair a branquitude é ser leal à humanidade.

Nacionalismo

I

Do século XIX recebemos a herança
das convicções firmes que faziam
coincidir, Nação, Estado, língua,
cultura, território, religião, povo, "raça"...
Incorporar uma identidade própria,
a que a História e a Geografia igualmente
tentariam dar corpo e legitimação.

Realizada essa função
por uma pequena elite
enredada nas malhas do poder,
não havia mais o que fazer
do que simplificar as narrativas
e as imagens identitárias
do nacionalismo, até pô-las a circular,
até constituírem um adquirido,
uma memória coletiva,
que depois se reproduziria por
todos os meios de comunicação:
imprensa, livros escolares,
marketing, guias de viagem,
congressos, festividades, celebrações...

Em decorrência da herança desmedida,
do excesso de identidade,
instalam-se os mitos, as lendas, as narrativas
plenas de heroicidade.
Por que essa necessidade

de estabelecer fronteiras,
de ver o outro como inimigo
que precisa ser eliminado,
de se resguardar de um
perigo permanente?
Aí estão as guerras
com seu cortejo interminável
de horrores, fazendo do ser
humano uma caricatura de si próprio.
Quanto tempo ainda até que
esse ser que vagueia perdido
possa retomar a sua humanidade?

II

O que torna o nacionalismo uma prisão
é justamente incutir em nós
essa certeza absoluta e peremptória
de que o meu país é intrinsecamente
mais importante que qualquer outro.
Poucas coisas são mais importantes
do que encararmos de frente
nossa suprema desimportância.
Somos desimportantes enquanto
pessoas individuais, primatas mamíferos
de vidas curtas, uma entre sete bilhões.
Somos desimportantes enquanto
pessoas nacionais, cidadãs de um
estado nacional recentíssimo e periférico.
Somos desimportantes até como planeta,
um entre bilhões e bilhões, orbitando
uma estrela mediana e medíocre.

Dá para qualquer pessoa passar
a vida inteira sem jamais pensar
no meu país e isso não faria dela
uma pessoa inferior, inculta, ignorante.

III

De fato, grande parte das pessoas humanas
mais incríveis, generosas, inteligentes,
que já existiram nos últimos duzentos anos,
jamais dedicaram mais do que poucos minutos,
ou mesmo segundos, para reconhecer
o fato de que, em algum lugar,
existia a nação a que pertenço.
Não saberiam que língua falamos
ou qual é a nossa capital. E daí?

IV

O meu país, essa entidade abstrata,
incorpórea, inanimada, não tem como
perceber nem retribuir meu tão humano
sentimento, seja ele de lealdade ou de desprezo,
de gratidão ou de raiva.
Mas, gostando eu ou não do meu país,
sendo eu grato ou não ao meu país,
essa não é uma relação afetiva:
é uma relação contratual regulamentada
pela Constituição da República.

V

Meu amor eu reservo para seres animados.
Por que teria orgulho de ser
de um determinado país?
Ter uma nacionalidade, assim como ser destro,
não é mérito meu, não é nada que eu fiz.
É uma circunstância fortuita
totalmente fora do meu controle.
Ter orgulho de nossas afiliações coletivas
é tão comum e normatizado que nunca
nem pensamos a respeito.
Vivemos cercados de pessoas
que têm orgulho de serem moçambicanas,
portuguesas, brasileiras, católicas,
maxaquenes, benfiquistas, flamenguistas.

VI

O pecado supremo do vaidoso é,
justamente, quebrar o pacto
de silêncio que sustenta sua
autoestima coletiva.
Para viabilizar nossas vidas,
tantas vezes chatas e vazias,
precisamos de conquistas coletivas
das quais possamos nos apropriar.
Ou, em outras palavras, por exemplo,
no Brasil seria "ganhamos o penta!".

Pátria não é corpo-fronteira

I

No tempo em que a palavra era arma
e luta a poesia
o homem era grande
o sonho era tangível
e eu tinha heróis.
Hoje
olho os meus heróis de antes
flácidos, inexpressivos,
barrigas cheias
palavras vazias.

II

Sou apátrida porque recuso
conformar-me, confinar-me
a este destino
a este chão.
Se a pátria me limita os passos a renego.
Pátria não é corpo-fronteira
mas sangue, vida, sonho, coração.
Não um país de serviçais
que abandonaram crença e lança
que prenderam vento e esperança.
A minha pátria não existe num lugar
não é território, hino, bandeira
não é este chão que piso
esta fronteira.
A minha pátria é onde o sonho estiver.

IDENTIDADES MÚLTIPLAS

Estamos agora num tempo em que
o Estado, a Nação, o Território,
a Paisagem, a Identidade e outras
designações postas em maiúsculas,
não correspondem a nenhuma representação
ou realidade estável e consensual.
Vivemos tempos de identidades múltiplas,
criação rápida de referentes globais,
pluralismo, metamorfoses tecnológicas,
rupturas velozes e drásticas,
dissipações e simultaneidade de contrários.

Essa dissemelhança do mundo
paradoxalmente aliada de tudo
o que é banalizado e padronizado,
provoca um efeito dissolvente de
quase tudo aquilo que antes era
considerado sólido e permanente.
Ao mesmo tempo, o temor criado
por essa grande dissolução
desperta a necessidade de um
reconhecimento próprio e de um
reconhecimento dos outros,
diferentes ou mesmo inimigos.

O sulco da identidade está sempre
disponível para ser preenchido
por novos materiais, sobretudo por
materiais compósitos e mutantes
cujas variedade e plasticidade adaptam-se
melhor à grande agitação dos tempos.
Assim, também as paisagens de
registro codificado e revelador de
marcas perenes, tempos lentos e
traços das origens transformam-se
num inescapável tumulto interior.

"Tríbrido" cultural

Lusitâneas paisagens em Vale de Azares,
uma aldeia perdida,
quase esquecida nos confins da
Serra da Estrela, a mais alta do território.
Lugar de nascimento, com ecos deformados
pelo tempo, reminiscências que a
memória teima em não perder.
Mondego e Tejo, rios que serpenteiam
a paisagem rumo ao vasto Atlântico
como vestígios da infância escolar.

Viagem para o outro lado do mundo,
sulcando o Atlântico,
contornando o Cabo da Boa Esperança
até a terra firme moçambicana
debruçada na imensidão azul do Índico.
Aqui será moldada parte da
infância e juventude transitando
por Maxixe, Porto Amélia/Pemba e Inhambane.
Mar, mar e mar sempre presente,
até onde a vista alcança,
mas também savanas, florestas,
coqueirais exuberantes incrustam
indelevelmente a natureza circundante.

Na então Lourenço Marques, hoje Maputo,
rapidamente emerge a sedução do Magistério,
militância que se alonga por uma década.
É a ânsia de levar conhecimento e valores

aos olhos sempre sedentos e luminosos
de tantos alunos e alunas.
Tempos de colonialismo, de violência,
de racismo, de apagamento do outro,
considerado inferior e primitivo.
Indignação e revolta apoderam-se
gradualmente nas vivências cotidianas.
No mundo universitário novas
indagações e reflexões afloram.

Lá longe, no norte do país,
guerrilheiros pegam em armas e
desencadeiam uma luta armada
contra a opressão colonial.
A vitória é alcançada depois de
uma década de guerra sangrenta.
Um amanhã luminoso desponta,
livre da dominação e da opressão.
Marx e Lenin inspiram a construção
do novo Moçambique, no qual o
socialismo é agora a terra prometida,
a igualdade o valor supremo.

O trabalho nos órgãos centrais e provinciais
da Educação implica um envolvimento
profundo, na tarefa gigantesca
de edificar um novo amanhã
num projeto profundamente idealista,
orientado pelo desejo irreprimível de edificar
em poucos anos algo que é da ordem de um
futuro longínquo, de gerações por vir.
O país que está nascendo é agredido

pelos regimes racistas da Rodésia do Sul
e do "apartheid", e trabalhar em zonas
de guerra torna-se uma atividade
permanente no enfrentamento da morte.

Novos desafios emergem na busca de
ampliar o conhecimento.
No outro lado do Atlântico
surge o Brasil no horizonte.
País multicultural vai proporcionar
a ampliação da formação educacional
em Belo Horizonte e São Paulo.
Esse novo território vai facultar
ao longo dos anos momentos inesquecíveis
de convivência fraterna com seu povo
impregnado de alegria e hospitalidade,
das suas paisagens que possibilitam o
êxtase contemplativo do quilombo de
Lavras Novas, num cenário esmagador
e interminável de vales e colinas
de um verde arrebatador.

Ali bem perto respira Ouro Preto,
a terra do inconfidente Tomaz António Gonzaga,
deportado para a mítica Ilha de Moçambique,
onde viveu seus últimos dias.
Respondendo ao chamado da docência,
durante duas décadas ocorre o privilégio
de dialogar com centenas de alunos
num processo mútuo de aprendizagem.
Nessa longa caminhada, a interrogação que não quer calar:
De que identidade sou constituído?

Português de nascimento, marca
indelével impossível de apagar?
Moçambicano, impregnado por décadas
de vivências africanas no mar Índico,
temperado pelo som dos tambores e das
marimbas de Zavala, mergulhado no
deslumbramento das cores irradiantes
das capulanas femininas?
Brasileiro capturado pela terra brasilis,
com sua multifacetada realidade cultural,
com a luminosa alegria do seu povo,
com sua diversificada e fascinante música?

Aqui me encontro esperando o infinito.
Sei que uma língua única me
acompanha desde o nascimento.
Sinto que sou parte do Sul,
no interior do Norte, e
parte do Norte no interior do Sul.
Português, moçambicano, brasileiro?
Que identidade me constitui?
A dúvida se dissipa agora:
todas essas identidades estão inseridas
numa cartografia única: a do "tríbrido" cultural!

Democracia

Vivemos um tempo de risco,
sufocados por um perturbador
mar de informação.
Que outra coisa é a "desinformação"
se não a consequência
do excesso de informação?

Até a promessa de democracia
soçobra sob o peso desse
colossal problema.
Quando se invoca a
necessidade de controlar
o discurso, o dilema instala-se:
defende-se o regresso
do seu controle, ou defende-se
o regresso da autoridade,
dos títulos acadêmicos
e das instituições para dar
legitimidade ao pensamento político?

Não será isso o corolário lógico
de uma enorme falta de
confiança na Democracia?
Não ficará a Democracia
manipulada pelo uso da retórica?
Desejamos igualdade, mas
temos consciência do grau de
coerção necessário para
assegurar o cumprimento das regras?

Ou preferimos certa desigualdade
em favor de uma hierarquia
dos vencedores nem sempre
produzida a partir de um jogo
limpo e justo, mas que assegure
a paz e a estabilidade?

A infinita estupidificação
corre o mundo como uma ameaça
contra a poesia e a liberdade
– as asas que te eternizam –,
que fazem do ser humano
um arremedo, habitante de
quatro paredes onde não cabem
as cores da mente cultural
e a edificação da palavra.
Um ser encerrado na prisão
dos atos não mais controlados
longe da luz e da razão, caminhando
cegamente na rota da sombra.

Qual o ponto onde essa hierarquia
se torna tão desigual que faz perigar
a justiça moral?
Perturbador, o silêncio nos invade
e nos deixa perplexos.

Os nossos donos

Quem são hoje os nossos donos?
Os grandes empresários do mundo digital
e os líderes da arquitetura financeira global.
Não são apenas donos do dinheiro,
mas os engenheiros das mentes,
dos mitos e das esperanças,
criadas e difundidas pelos
intelectuais orgânicos do otimismo tecnológico,
como ópio para as massas.
Os políticos estão ausentes,
pois essa narrativa não inclui o pessoal menor.
A condição humana é reduzida
a uma galáxia de dados,
que os algoritmos da IA
ajudam a explorar e a domesticar.

Manifesto

Desigualdades, exclusões, degradação
ambiental, extração de recursos não renováveis.
A Terra grita: que projeto é este? A quem serve?
Mas tem mais: vulnerabilidade das populações
à violência, às guerras, aos desastres,
às migrações forçadas.
A lista de malfeitos é interminável.
Que futuro se desenha nesse caminho de sombras?
É possível ainda evitar o desperdício
da riqueza epistêmica, social,
política e cultural do planeta?
É ainda possível resgatar a
luminosidade num mundo
em que as sombras não param de avançar?
Como promover uma ecologia dos saberes
em diálogo com a tradução intercultural?
Estará o ser humano à altura do desafio imperativo?
Ou preferirá ser um espectador passivo,
escutando o último e definitivo estrondo
que instaura o silêncio planetário?
Silêncio... Silêncio...

Agir já

Dessa agitação do presente
o passado vai ficando cada vez
mais problemático no seu poder
de resposta para aquilo que os
poderes hegemônicos impõem.
O presente move-se demasiado rápido
e só produz instantâneos num futuro
cada vez mais terrivelmente opaco.
Não podemos ser aprisionados
pela indiferença, ficarmos paralisados
pela insensibilidade e apatia.
É preciso, sem hesitação, agir já!
O futuro do mundo grita por esse gesto.

O QUE É HOMEM?

O que é homem?
Um naco de carne?
Um conjunto de acasos?
Um quebra-cabeça de ossos?
Um erro?
Um absurdo?
Um grito?
Uma caminhada?
Um abismo?
Um salto?
Incompletude?
Um poema?
Um verso?
Uma palavra?
Uma sílaba?
Nada?
Interrogação?
Reticências?

É preciso suportar o peso do mundo
com o cálcio dos ossos
esperando uma manhã que pode não vir.
A vida tem a beleza da despedida contínua.
Por que poetas e escritores se
espantam com a vida?
Tem a ver com a beleza
do que é finito e incompleto.
Homem: palavra tão bela
quanto perecível; bela porque finita.
Que o homem é perecível é sabido.
Que a condição humana seja
bela exatamente porque o homem é
finito é apenas uma sensação.
A beleza e a grandeza do homem
nascem da sua condição precária,
do seu caráter eternamente provisório e,
sobretudo, da consciência dessas duas coisas.

Início de um ano nômade

Confiando meus passos à distância
e sabendo que o desconhecido
sempre se torna paisagem,
e que paisagem é autoaceitação
em uma passagem, o corpo
pede inscrição, o ser pede ser.
A duração abre a visão
e a paisagem a veste.
As histórias se fincam e se enterram
sob as montanhas, dunas, areias, ou
se vaporizam nas brumas das madrugadas.
Às vezes, sinto vontade de sentir
através das paredes o caminho para
desatar, para pegar e abrir,
para abrir e ser amarrado,
para amarrar novamente e para me enredar,
e recorrer às nuvens para misturar.

Onde situar meu desejo de um mundo melhor?
Ou tratar-se-á do simples
desejo de viver a minha vida
sem ela se tornar a da minha escrita?
Meus sonhos se escondem e se desenterram,
parece que hoje voltei a ser nada,
um deserto onde posso me levar de volta.
O sonho vira faísca, mas a faísca
tem grande capacidade; serei um vaga-lume,
que pode desaparecer, mas brilha
noite após noite, escuridão após
escuridão, sem explicação?
Esse olhar para o país, para a ilha,
Encaminha-me para o sul.
O sul em que sempre vivi,
o sul de que nunca parti...

Momento único

Naquele dia
estava frio,
frio congelante,
um frio de morrer,
mas o soldado
não sentia nada.

Um choro silencioso
em câmera lenta.
Sua arma pesada,
uma dormência ansiosa,
uma boca rachada
e um gosto muito seco.

O branco da terra
no horizonte.
Dor sem fim
e sem motivo.
Resíduos corporais por toda a parte
e sangue misturado.

Em meio a esse caos,
uma voz, iluminada por um fogo invisível,
dialoga com uma flauta.
A silhueta de um homem
aproxima-se como faíscas de fogo
na neve congelada.

Nesse momento único
na história do mundo,
homens aquecidos
sobrevivem um dia,
com coragem e inspiração
nessa harmonia de inimigos.

Declarando guerra sobre nós mesmos

Muito quente, muito seco, muitas armas.
Este mundo precisa mudar.
Mas tudo isso é muito vago.
Afinal, este mundo já está mudando...
Mas será que de maneira boa para todos nós?
Não está chovendo. Não, pelo menos onde e
quando muitos de nós precisam da chuva
como água potável para a agricultura ou recreação.

Enquanto isso, pesquisas sobre solidão sugerem
que o isolamento apenas cria mais suspeitas
e retarda ainda mais nossa capacidade de conexão.
Aqui apenas um dado estatístico: desde o início da civilização,
a humanidade causou a perda de 83%
de todos os mamíferos selvagens e metade das plantas.
Essa observação demonstra o impacto devastador
que a vida humana teve em todo processo histórico.

E a pergunta surge inevitável: com alguns ajustes
em larga escala e reorientação significativa,
nós, humanos, poderíamos ter um impacto
igualmente grande de maneira positiva?
Ou pelo menos um impacto igualmente
grande e não tão terrivelmente negativo?
Perguntas que incomodam, que entristecem,
que fazem um alerta sobre o perigo assustador...

Face à grande explosão do tamanho de um meteoro
que nós, humanos, fizemos no Planeta Terra,
poderíamos tentar outra coisa?
Poderíamos nos adaptar? Mudar?
Continuar a evoluir? Viver de forma diferente?
O que mais podemos mudar?
O que mais podemos fazer?
Que posição devemos tomar?

Como continuarmos quando o
futuro é tão incerto e cheio de temores?
Talvez pensemos que é preciso continuar a caminhar.
Mas no caminhar apenas se anda.
Não pensamos no futuro, apenas no próximo passo.
Andamos pelo que parecem paisagens desconhecidas,
mas cada passo segue tantos outros.
Não nos damos conta de que não saímos do lugar

Em nossas vidas normais,
passamos tanto tempo tentando escapar
dos elementos, atrasos na chuva,
aquecimentos cada vez maiores...
Sabemos que o clima não vai esfriar
só porque estamos andando mais.
O mundo vindouro para nossos filhos,
o que estamos fazendo na nossa vida?

Mas também não vai piorar enquanto estamos andando.
E na contemplação silenciosa da caminhada,
talvez uma nova ideia surja.
Podemos pelo menos esperar,
à medida que o trabalho e a caminhada continuam,
que nosso planeta precisa de algum tipo
de mudança em pequena escala,
mas precisa de muito mais do que isso.

Mais cedo ou tarde todos teremos
que nos reinventar ou então...
Não podemos continuar sendo os seres humanos
que vivem unicamente para destruir.
É como se estivéssemos em guerra,
mas quem é o inimigo? Somos nós!
Lembremos a reflexão do poeta T. S. Eliot:
*"É assim que o mundo termina, não com
um estrondo, mas com um gemido".*
É esse o mundo em que queremos viver?
Um planeta em chamas, com eventos
climáticos extremos cada vez mais frequentes,
ilhas de luxo privadas em meio a oceanos de pobreza,
magnatas carregando a política no bolso
enquanto o fascismo ganha força explorando a ansiedade,
o desespero e o niilismo gerados pelo próprio capitalismo?
Será que não somos capazes de fazer algo melhor juntos?

Por que não trocar o impulso cego de acumulação
pelo planejamento democrático
que garante uma vida boa para todo mundo?
Trabalhar menos, todos com trabalho,
produzir para a satisfação das necessidades e
compartilhar os produtos do trabalho coletivo
não parece uma orientação bem mais sensata e saudável?
Sociedade livre que escreverá em sua bandeira: "Tudo para todo mundo".

A melhor maneira de homenagear os que vieram antes de nós,
e aos quais tanto devemos, é pensar de forma crítica e afiada:
um bom diagnóstico aumenta as chances
de vitória dos movimentos emancipatórios.
O convite é, então, para a ação. A hora urge.
Abandonemos as hesitações e as dúvidas
O momento é de pensar grande,
sonhar alto e arrancar poesia do futuro.

Paz

Como a imagino? Bem, não sei...
Talvez uma criança, muito loira,
e segurando em seus braços ramos de glicínias?

Talvez até menor, sem ainda saber do mundo,
apenas sorridente e balbuciando num berço inclinado
sob os dedos de uma velha cantarolando...

E, então, lembro-me do som de uma flauta,
indescritível, de tão fresco e arejado,
por entre outros acordes lentos e profundos.

Violoncelos vibrantes balançando como um oceano calmo,
um canto de pássaro, música de pura suavidade,
uma noite no caloroso silêncio de uma cidade.

Eu lembro... E é você quem a conhece,
esta paz de montanhas e pântanos solitários,
a paz que só precisa de um grilo para se expressar.

Ao longe, a luz de uma lâmpada ou de uma estrela.
Em frente à porta, um pouco de ar perfumado...
Que simples! Não estou sonhando, veja!

Quem estava falando tantas palavras para te descrever?
O que importam as imagens: casa branca,
oásis, arco-íris, domingos azuis?

Não importa o quanto cada um carregue dentro de si.
Mesmo sem saber é seu reflexo que te acalma,
doçura prometida aos corações de boa vontade...

Ah! Tantos verbos, adjetivos, rodeios, exclamações!
Sinto o cheiro no jardim, tão perto de ser convencido e
ficar em silêncio quando os homens se calam...

A POLICRISE

I

Será que somos capazes de reconhecer que a policrise é real,
que estamos vivendo nela e que está mudando nossas vidas?
Estamos percebendo que está a ocorrer
uma confluência de forças ambientais, sociais, tecnológicas,
econômico-financeiras, naturais e outras?
Se aceitarmos isso, reconheceremos que precisamos navegá-la
e que bons mapas são essenciais para uma navegação hábil?
Sabemos que em todo o mundo milhões de pessoas vivem
em policrise há muito tempo, ela não é nova para elas.

II

Como entender e mapear a policrise?
O primeiro mapa é uma visão de mundo.
O segundo é uma análise de sistemas.
O terceiro são mapas narrativos.
Contudo todos os mapas tendem a incluir
todos esses elementos de maneiras diferentes.

III

No mapa da visão de mundo constam
o tecno-otimismo, o neomarxismo,
as críticas ao colonialismo e ao imperialismo,
os entendimentos religiosos ou espirituais e muito mais.
Alguns acreditam em um futuro espiritual iluminado,
enquanto outros aceitam um futuro que pertence aos poderosos.
Seremos governados por seres humanos ou por trans-humanos ou algoritmos.
Veremos o futuro como esperançoso ou trágico, ou talvez ambos?

IV

No mapa de análise de sistemas
procura-se ser analiticamente neutro,
embora haja preconceitos
profundamente enraizados.
Fazem-se presentes elementos como
toxidade, solos, população,
oceanos, saúde, governança,
água doce, energia, economia,
clima, biodiversidade e comportamento.

V

No mapa narrativo encontraremos
os poetas, os romancistas, os cineastas,
os artistas e os produtores de videogames.
Estão, entre as muitas pessoas criativas,
contando histórias de forma incansável,
narrando-as no seu lado luminoso.

O PERTURBADOR "BOLETIM METEOROLÓGICO" MUNDIAL

I

De forma contundente, três elementos fundamentais
apresentam-se na atualidade no cenário "meteorológico" mundial:
o clima, a Covid-19 e outros patógenos e a guerra na Ucrânia.
Primeiro, a atenção do público foi focada na emergência climática.
Ela interage com tendências globais,
como o uso não sustentável de recursos naturais,
a crescente urbanização, as desigualdades sociais,
perdas e danos dos eventos extremos,
colocando em risco o desenvolvimento futuro.
Então surge a Covid-19, que virou o mundo de cabeça para baixo.
A população mundial suficientemente grande e concentrada
está muito mais vulnerável hoje
a doenças de multidão causadas por patógenos
do que em séculos passados.
E uma guerra terrestre completamente inesperada eclodiu na Europa.
Essa guerra forçou um grande confronto de poder,
misturou alianças em todo o mundo
e acelerou a última fase do
colapso da hegemonia global americana.

II

Esses três elementos desenrolam-se em sequência
e trouxeram tais fenômenos à atenção global.
Uma vez que a policrise foi firmemente
estabelecida na mídia informada e na mente do público,
novos desenvolvimentos continuaram
confirmando o ritmo crescente da
mudança global e a realidade da policrise:
a nova guerra fria Estados Unidos-China,
os novos desenvolvimentos da inteligência artificial

III

Perante essa matriz potencial de ameaça
é necessária uma conscientização pública de alto nível,
que tenha clareza sobre as implicações do fim da hegemonia americana,
sobre o ressurgimento de regimes autocráticos,
sobre a explosão das tecnologias de IA,
sobre o caos global do sistema financeiro,
sobre a crise migratória,
sobre o risco de um acidente nuclear ou uso tático de armas nucleares,
sobre os déficits mundiais de alimentos, água, trabalho e segurança.
Precisamos, em suma, de um mapa
que mude os sistemas climáticos globais,
que rastreie os desenvolvimentos fenomenológicos
na mídia pública e na mente pública.

IV

Nesse mar do caos visualizam-se tendências esperançosas.
Precisamos edificar "arquipélagos" ligando ilhas de coerência.
Quando sistemas complexos estão longe do equilíbrio,
pequenas ilhas de coerência podem mudar todo
o sistema para uma ordem mais elevada.
Comunidades locais, movimentos sociais de base,
organizações de serviços e governos locais estão,
lentamente, enfrentando a realidade criando soluções.
Novos teóricos e profissionais da economia
estão imaginando maneiras de fortalecer economias
locais resilientes com base na autoajuda,
moedas locais e muito mais.

V

Na comunidade, a maior parte da preparação
para enfrentar desastres têm pautas comuns.
As comunidades precisam ser capazes de
atender às necessidades humanas básicas de
comida, água, roupas, abrigo, energia, segurança,
comunicação e espírito e ferramentas para
reconstruir um melhor modo de vida.
A construção dessa capacidade cria comunidades resilientes,
ilhas de coerência que podem mudar todo o
sistema caótico para um nível mais alto de funcionamento.
Em todo o mundo as pessoas estão se unindo
diante de todos os desafios para criarem
comunidades de esperança e resiliência.
Elas trabalham com as habilidades e as ferramentas disponíveis.

VI

A luta por um mundo melhor nunca termina.
Ela continua para sempre.
Faremos o melhor se tivermos clareza
sobre o que estamos enfrentando.
Aconteça o que acontecer, nossa consciência
terá um forte impacto sobre
como enfrentaremos o que está por vir.
Como todas as grandes crises da vida,
essa tem o potencial de nos despertar
para o que realmente importa em nossas vidas.
Talvez ela possa até estimular um
grande despertar global do
que todos precisamos fazer juntos
para criar um mundo mais habitável.
É possível.

ANGÚSTIA

Como se o silêncio pesasse
em minha cabeça,
às vezes tenho medo de me calar,
de sucumbir ao silêncio,
de não escrever nunca mais.
Não temo deixar de falar,
não temo me furtar à troca infinita
de mensagens que fazem parte da
sociabilidade, nisto que ainda chamamos vida.

Temo me perder de outra escrita,
nunca mais alcançar a convicção estável,
obstinada e firme que me
permita escrever um livro.
Nos dias em que esse medo
me toma com força,
nos dias em que o fantasma do silêncio
me domina com seu ruído,
acabo escrevendo palavras escassas...
Mergulho com opressiva clareza
na insanidade da escrita, no seu sentido tênue,
esquivo, a oscilar entre a razão
e a desrazão incessantemente,
sem equilíbrio possível.

Há algo de sério e de aflitivo na desistência,
há uma angústia sedimentada no tempo,
convertida em certeza negativa.
Parece ser assim que posso
transformar o mundo
subjugando a náusea e o tédio.
Nada mais do que uma fração da vida, enquanto
o silêncio não corroesse os meus pensamentos.

Certo político

Político que é político
faz discursos, afetados, engomados,
com soluções peregrinas para problemas por ele criados.
E conseguido o assento, onde se anicha e se acomoda,
suga até ao tutano
quem caiu no engodo, no engano
de o achar para a função competente.

Político que é político
anda de lado dando passos em frente
manobrando, distorcendo, manipulando,
convencendo que a verdade que apregoa
é só a sua verdade: a única que é boa!
Porque como garantem convincentemente,
a palavra nunca muda e vira-casacas não são.

Político que é político
promete e tira, mente e desmente,
desdiz-se tão à vontade, com tanta veemência e segurança
que se duvida
não do figurão,
mas dos nossos próprios sentidos.
Se estamos bons dos ouvidos
porque ouvimos no passado os argumentos contrários,
e o que antes era necessário
hoje é supérfluo, mal gasto.
E o que ontem era verdade
hoje é categoricamente mentira.
Mudaram as coisas?
Não!
O que muda é o assento:
passaram a ser poder ou passaram à oposição.

Político que é político
tem voz açucarada, sedutora
e cega momentaneamente,
como se tivesse um raio laser
ou qualquer arma secreta
que estupidifica e adormece a vontade e a inteligência.
Só assim se justifica esse poder alternado,
esse poder eternizado
em que não mudam nem as moscas!
Nem a merda!

Amanhã

Amanhã serei oposto
Amanhã serei adverso
Amanhã serei contrário.
Amanhã sim!
Eu protesto.
Amanhã terei vontade
Amanhã eu recomeço.
Amanhã saio para a rua
O braço bem levantado
Fazendo gestos obscenos
Fazendo barbaridades
Dizendo obscenidades
Cometendo desatinos
Desafiando sorte e destino.
Amanhã, sim, eu serei tudo
Farei tudo ao contrário.

Escrevo livre

Escrevo sem pudores nem pruridos
sem rubores descabidos
sem pecado
bem nem mal.
Escrevo livre e em bravata
como se fora a página em branco
e o poema batalha campal
entre o Eu que me contém
entre o Eu que me retém
entre o Eu que me censura
e o Eu que quero livre
e o Eu que sinto asas
e o Eu que tem as garras
que rompe e rasga as amarras

Quando nas palavras

Quando pego nas palavras nascem-me asas
crescem-me garras
e caminho em liberdade
sem limites para os passos
sem rumo nem direção
e não há obstáculos, barreiras
se não há caminhos não há fronteiras
que me travem, que me barrem.
Se a quero terna, sou amante
se a quero arma, sou guerreiro
faço amor ou revolução.
Nunca sou tão livre como quando escrevo
como quando abro as asas
como quando cravo as garras.

Palavras

I

Escrevo palavras estranhas
Escrevo longas histórias
Escrevo apenas para rir
Coisas que nada significam.
Escrever é brincar.
Escrevo o sol
Escrevo as estrelas
Invento maravilhas
E veleiros.
Escrever é sonhar.
Escrevo para ti
Escrevo para mim
Escrevo para quem vai ler
E para quem não vai ler.
Escrever é amar.
Escrevo para quem está aqui
Ou para quem está longe
Para as pessoas de hoje
E para as de amanhã.
Escrever é viver...

II

Com as palavras...
expresso emoções.
Poder que talvez
nem tenha consciência.
E a ausência delas
me traz preocupação.

A primeira palavra
que minha mãe me dirigiu
imagino minha esfuziante alegria
e o provável impacto
que provocou para sempre.

Palavras são... incontáveis.
Apresentam-se em mais
de 6.000 idiomas diferentes,
falados em todos
os cantos do mundo.

Não existe linguagem comum
que nos una a todos,
mas todos falamos palavras,
todas transportamos
na nossa bagagem.

Nada carrega mais significado
que palavras,
quer sejam faladas
por plebeus e governantes,
crianças e adultos,
homens e mulheres.

Palavras são... sábias.
Precisam ser bem escolhidas,
porque o efeito que podem
deixar é insondável.

São inesquecíveis, constroem,
quebram, promovem união.
Ensinam, controlam, afetam,
são bonitas, inspiram músicas.
Fazem parte de excelentes
peças de literatura.

Fazem livros que nos inspiram,
nos conduzem à mudança.
São... memórias.
Expressam desejos, necessidades,
sonhos e responsabilidades.

São graváveis, armazenáveis,
portáteis, enviáveis.
Podem provocar calafrios e
mergulhar-nos em lágrimas.
Nada exprime melhor um momento
nostálgico do que as palavras.

Palavras são... decisões.
Palavras se dividem.
Doem, consolam, persuadem.
Palavras são uma janela
para nossos sentimentos.

III

Há palavras que trazem vida
E essas são palavras inocentes.
A palavra calor, a palavra confiança,
Amo a justiça e a palavra liberdade.
A palavra criança e a palavra bondade
E alguns nomes de flores e alguns nomes de frutas.
A palavra coragem e a palavra descobrir
E a palavra irmão e a palavra camarada
E alguns nomes de países e de cidades
E alguns nomes de mulheres e amigos.
E a palavra amor e todas as amorosidades.

IV

Com elas falo mel com as abelhas,
seiva com as árvores,
pólen com as flores,
solo com os insetos,
fonte com os peixes.
Fico em silêncio quando
o dia está em silêncio.
No vento, eu sopro histórias.
À noite prendo meus sonhos
Para que se fundam
com as estrelas.
Com elas participo na
escrita do Livro da Vida.
Cabe-me, como a todos os outros,
escrever cada página...
E, então, apreciar a leitura...

V

Mas as palavras podem
ser negativas,
afetando a autoestima
e o bem-estar geral,
provocando um impacto
profundo em nossa autoimagem.
Podem levar à ansiedade,
à depressão, e afetar
nossa saúde mental.
O uso de palavras negativas
em nossas interações sociais
pode criar um ambiente tóxico,
pode causar ressentimento
e danos duradouros
aos laços interpessoais.
Palavras também provocam medo,
que é o caminho para o
lado escuro da vida,
que implantam o ódio,
que levam às guerras,
ao infortúnio e ao sofrimento.

VI

As mulheres não têm direito à palavra
e não têm direitos sobre as palavras.
Esta é a regra: não escrevem, não leem,
não estudam, não pregam,
não ensinam, não usam palavras em público,
não publicam suas palavras.
Safo incluída no Cânone Alexandrino,
dos nove poetas líricos foi,
e é ainda hoje, considerada a exceção,
que confirma a marginalidade e a inconsistência
da escrita de autora na história literária.

VII

Promover uma comunicação
mais positiva, substituindo palavras
negativas pelas construtivas,
conduzindo ao desenvolvimento
de autoconsciência e à prática de
autodisciplina na linguagem.
Adotar o uso de afirmações positivas,
expressando gratidão e
praticando a empatia

VIII

Desenvolver uma mentalidade
positiva, cultivando conscientemente
a comunicação, escolhendo
inteligentemente a linguagem.
Monitorando pensamentos
e palavras, desafiando crenças
autodepreciativas e substituindo-as
por afirmações positivas.
A comunicação como artefato
e veículo para inspirar, motivar
e encorajar os outros.

IX

As palavras que escolhemos
têm poder.
Façamos uso desse poder
para construir uma mentalidade
positiva e promover um
ambiente saudável e enriquecedor
em nossas vidas.

A PALAVRA NAS REDES

As redes sociais são um recorte da realidade.
Palavras ali proferidas podem gerar uma série de gatilhos,
desencadeando ansiedade, depressão, transtornos de autoimagem...
Ao se postarem fotos e compartilhamento de palavras
de momentos marcantes que geralmente são bons,
cria-se um efeito de irrealidade, que fomenta
a impressão de que a vida dos outros
é bem melhor do que a nossa.
O que pretendemos?

Rostos, corpos, rotinas, trabalhos, viagens e
relacionamentos perfeitos, como aparecem nas postagens,
aumentam a sensação de desvalor.
Com o tempo, o mundo lá fora vai ficando
cada vez menos capaz de gerar prazer ou motivação.
Não é perturbador ficarmos percorrendo caminhos
que nos conduzem ao isolamento, à perda de referências,
à angústia e ao estranhamento do outro,
ao incessante e ensurdecedor silêncio?

Por trás de uma tela ganha-se coragem para
escrever coisas que seriam muito mais difíceis pessoalmente.
Por um lado isso é bom: muitas pessoas com dificuldade
em interações pessoais encontram ali amigos
e até relações afetivas por conseguirem se expressar melhor.
No entanto o que se pode considerar dominante é que elas
são um terreno fértil para a violência psicológica,
o que é ainda mais delicado no caso de crianças e adolescentes.
Não é assustadora essa intensificação do culto da violência?

O vício nas redes também prejudica a manutenção de
relações interpessoais saudáveis no mundo off-line.
Perde-se a oportunidade de passar um tempo
de qualidade sem estarmos conectados.
Padrões de beleza inalcançáveis difundidos nas redes,
geralmente a partir de fotos supereditadas e com filtros,
impactam enormemente a autoestima.
Seremos capazes de promover uma busca incessante
para entender nosso lugar no mundo?

Palavras x robôs

Palavras chegam ao significado
no contexto da expressão,
que é tempo e lugar.
Chamemos de palco sobre o qual
os atores – palavras – estão confinados.
Não estaremos temendo a perda ou
a decadência das palavras
porque emojis, robôs falando algoritmos,
fotos dos nossos próprios rostos
e vídeos de dez segundos
estão tornando nossas palavras
e nosso idioma obsoletos?
Essa parece ser a situação
em que um escritor está ou estava
até que a própria escrita saiu de moda.
Quando se desiste de toda
a esperança de diálogo
que leva à compreensão mútua,
publica-se um vídeo de
15 a 60 segundos no TikTok,
enviando mensagens para o mundo
em seu próprio mundo.
Tracemos a queda do significado
e do entendimento compartilhados
numa economia que busca
marcar estratégias benéficas para o lucro.
Adquire prestígio e poder quem pode fazê-lo.
Isso significa que todo pensamento
deve ser direcionado ao lucro,

do pré-jardim de infância
à confissão no leito de morte.
Tão vulnerável ao ataque da razão
é a plutocracia transparentemente obscena
que essa economia criou,
que deve defender essa obscenidade
corrompendo a própria linguagem.
Nossa presunção da era do Iluminismo
é que, com palavras, podemos expor e indiciar.
Pensávamos que, com palavras,
poderíamos facilmente obter
uma revelação comum do cálculo de dinheiro
e poder entrincheirado nas carteiras de poucos.
Estamos longe disso,
caminhando na direção errada,
esperando clareza com o discurso robô.
Significa algo como alcançar
o entendimento comum através da linguagem
agora que tudo está sendo privatizado.
O universo se tornou o YouNiverse.
Você escolhe o que é real para você.
Afinal, esse empoderamento do eu autônomo
é a principal diretiva da história do sucesso capitalista.
Qualquer forma de solidariedade,
do governo aos sindicatos, e, é claro,
de um partido político socialista,
é uma ameaça à desintegração
e à fracionalização, requisitos
no centro da competitividade capitalista.

Nossas defesas estão em nosso idioma.
Qualquer que seja o ideal a ser alcançado
pela comunicação humana "democratizante/privatizante"
no ciberespaço deve agora ser colocado
ao lado de todos os ideais
que não nos conduziram até lá,
mas ao mundo distópico.
Nossa rota de fuga, a saber,
nossa capacidade de oferecer evidências,
argumentar e encontrar um acordo,
agora está fechada.
A libertação intelectual que achamos
em nossos telefones inteligentes
não passa de um círculo dentro do
pote de raízes de nossas próprias mentes.
E o início desse círculo vicioso
não começou com a escolha pessoal,
mas com algum algoritmo manipulador
que chamou nossa atenção.
E agora é o nosso dono.
Reposicionar palavras de uma encenação
pessoal para uma encenação mundana,
o que significa considerar determinantes
políticos e econômicos e restrições ao pessoal,
requer um deflacionamento da arrogância
da autonomia individual, bem como
uma crença ridícula de que você escolheu
livremente e, portanto, é "livre para escolher".
As palavras de narcisistas, egomaníacos,
mentirosos e artistas de quinta categoria
agora dominam porque acreditamos
que nós mesmos podemos alcançar

um autoempoderamento cego para
a maneira como o poder fora de nós
molda os discursos, práticas
e instituições em que vivemos.
Somos marcas crédulas,
nossa linguagem é abusada,
armada contra nós, pois
somos armados contra nós mesmos.

Cidade casulo

Pertenço à cidade edifício
À cidade orifício que permite o isolamento.
Pertenço à cidade multidão
À cidade solidão que permite o afastamento.
Pertenço às ruas largas
Avenidas
Trânsito intenso
Hora de ponta
Hora de angústia
Hora de pressa
Hora de aperto
Urgente
O ato de regressar.
A casa.
Casulo de cimento
Orifício
Solidão
Que inibe e impede o esquecimento.

Minha cidade

Estrangeiro me sinto
na minha cidade de palavras.
Casas que já não habito
caminhos que abri
nenhum já percorro
ou sinto meu.
Perdido me sinto
na minha cidade de palavras.
Edifícios que outrora erigi
e outros que se erguem
e surgem do nada.
Cidade minha
e minha encruzilhada.
Passado a que não volto
futuro que ainda não sei.

Onde estão?

Onde estava Jeová?
Que vão para o raio que os parta os deuses!
Todos eles!
Aquando da chacina que foram as cruzadas
aquando das bombas que devastaram o Iraque
nas ruas opressão e ditaduras do Oriente Médio
nos campos de refugiados de catástrofes e guerras
no gueto murado que é a Palestina.
Onde está Alá?
Que os raios partam os deuses!
Todos eles!
Na morte negra e invisível da fome africana
na criança que aqui
é só fome e frio e mão
nos corredores brancos de dor e sofrimento.
Onde está Deus? Alguém O vê lá?
Malditos os deuses!
Todos eles!
Profetas da morte
frias estátuas
imponentes e impotentes símbolos de fé
receptáculos de esperanças
desprovidos de vida
ausentes de paz
secos de pão.

Às vezes...

Queria que a palavra, insuficiente, fosse tiro,
fosse bala,
e o verso, incompetente, fosse potente canhão,
e o poema, impotente, terramoto ou explosão,
e o verbo fosse gente
e a gente revolução...
Às vezes... Mas só às vezes...
Quando a zanga é muita e a revolta estala...

Vergonha

Se um dia a vergonha de todos os despojados,
de todos os ignorados, de todos os famintos,
se tornasse revolta e a revolta fosse
passo e os passos fossem gritos,
tremeria de medo a cidade injusta que os pariu e os ignora.
Ah... Se a fome mostrasse o rosto,
se a voz lançasse o grito
se a mão soltasse o murro...
a vergonha seria sentida por quem passa e não quer ver!

A VOZ DA LITERATURA

Tudo existe e tudo passa:
se não for escrito não há eternidade.
Escrevemos para que a nossa eternidade humana,
a nossa dimensão, não desapareça?

Com as palavras há um reviver diferente
porque a emoção é dita com a matéria
do nosso próprio pensamento.
Desde que as palavras escritas
começaram a ser guardadas,
a literatura é uma tentativa de não
deixar morrer a experiência humana,
de não desaparecem os momentos vividos,
momentos fulgurantes, quer sejam
dolorosos, brilhantes ou esperançosos.

Porque o que a evidência revela é que
tudo é mortal, tudo é para desaparecer.
E quanto mais se avança na ciência, mais se
relativiza aquilo que é o conhecimento humano.
Estamos, assim, face a uma espécie de
paradoxo insanável: a ciência dá prova de como
os seres humanos alcançam o "infinito"
e, em simultâneo, confirma que o tempo
os pode apagar totalmente.

A literatura é um projeto contra esse
fim do tempo que a ciência revela
que existe e contra o fim da Humanidade.
A literatura é uma voz; é ela que recusa esse fim…

LIVROS

Será que os livros nos salvam?
Serão eles, ao mesmo tempo,
salvíficos e condenatórios, que
nos conduzem a um pensamento
que faz com que a vida humana
tenha múltiplas janelas interpretativas?

Talvez se escreva para que a Humanidade
não esteja condenada ao seu fim,
ao sofrimento infligido pelos outros,
à traição dos homens pelos homens,
sem uma narrativa que lhes dê sentido.

No fundo parece estarmos face à incessante
e luminosa busca pela fraternidade,
pelo reconhecimento de que meu irmão
existe e tem uma narrativa que me implica.

Onde estão os poetas ousados?

Onde estão hoje
os poetas ousados, os corajosos,
os de espírito livre e de livre conduta
única batuta da liberdade?
Onde estão hoje os poetas loucos
os poetas roucos de gritar palavras
os poetas ricos de visões e poesias
os poetas de mãos vazias?
Onde estão hoje os poetas amantes?
Onde estão os poetas capazes
que após censurados não se amordaçaram
e não dobraram palavra e verso
como se dobra a coluna vertebral?
Onde estão hoje os poetas libertários?
Os que desafiam preconceitos
rasgam normas e conceitos
os que afrontam as ditaduras
até a mais dura
a da carteira vazia?

Onde estão os poetas que desprezam as boas maneiras
cabeça baixa, boa educação
fazem da palavra revolta
denúncia
grito e acusação?
E declamando de braço erguido
um verso perturbador em plena rua
decretam a poesia
coisa urgente
coisa livre
coisa sua!
.....
Onde hoje os poetas roucos?
Os poetas loucos?
Os poetas livres...?

Importa escrever poesia?

Que ao escrever poesia...
nada faço de relevante ou especial.
E atribuo ao que escrevo a importância que realmente tem:
Nenhuma!
Não mudarei o mundo com as palavras,
não enriquecerei o mundo com as palavras.
Nenhuma palavra minha será trégua em tempo de guerra,
será bálsamo que atenua sofrimento e dor
ou consolo no meio da devastação.
É tão inútil a poesia que me dói!
É tão inútil o que escrevo que muitas vezes renuncio
e baixo as mãos em desalento
e apago-me apagando as palavras.
Tão redundante, supérflua, excessiva e abundante é a poesia que me nauseia.
E se me dói essa redundância por que a escrevo?
E se me dói esse excesso por que não paro?
E se me nauseia essa abundância por que não a calo?
Porque vivas, latejantes, exigentes, insistentes, sufocantes
são as palavras!
Porque me impedem de viver quando renuncio
porque me sufocam e maltratam quando as não digo
porque me fecham e me encerram quando as retenho
porque me enterram e me soterram quando as não grito
porque me matam quando as não exponho
quando as não liberto
arrancando-as de mim.

Procura-se a poesia

Não há poesia na bomba que explode
Na bomba que extermina
Na bomba que destrói e arrasa
Na bomba que indiscriminadamente aniquila.

Não há poesia na bomba.

Não há poesia na bala
Na bala que trespassa o corpo
No corpo que recebe a bala
No corpo que se contorce em dor.

Não há poesia na bala.

Não há poesia na morte
Na morte que trucida os corpos
Na morte que os violenta
Na morte que os viola.

Não há poesia na morte.

Não me falem de guerras de democratização.
Uns olhos de um homem morto
São uns olhos mortos.

Quem defende a guerra que me apresente

Um morto livre
Um morto democrata
Um morto com causas
Um morto com religião.

Não há poesia na guerra.
Há morte, crueldade, caos, brutalidade
Extermínio, sangue, vazio e destruição...

E o silêncio.
A ausência.

A POESIA VAI AO CINEMA E ESTE VAI À POESIA

I

O mestre Pasolini ensinou-nos que a palavra
é matéria-prima para a construção da poesia
assim como as imagens são o material primário
para a construção da narrativa fílmica.
Enquanto na poesia o poeta conta
com um dicionário com palavras que
são usadas para materializar a sua arte,
o cineasta faz um ato semelhante,
porém não existe um dicionário de imagem,
não existem imagens encaixotadas
prontas para serem usadas.
Cinema é palavra (falada e escrita),
imagem, som, luz, ruído e silêncio.
O filme pode jogar não somente
com palavras (escritas e faladas),
mas ainda com música, efeitos sonoros
e imagens fotográficas animadas.

II

Existe um cinema de prosa e outro de poesia,
e a diferença entre os dois está relacionada
à dominação de momentos técnicos e formais.
O cinema de prosa narra, mostra, pois no
cinema o acontecimento fala por si mesmo;
mostra os acontecimentos como se a imagem
fosse uma janela aberta para uma paisagem.
Já o cinema de poesia separa, enclaustra,
desloca a imagem, assemelhando-se à maneira

como a poesia extrai as palavras de seu sentido
primário para introduzi-las num sistema inédito.
Na poesia, as palavras não estão nas
amarras da função instrumental,
a palavra não é reduzida à comunicação; ela é,
antes de qualquer coisa, expressão de si mesma.
O cinema, seja ele de poesia ou de prosa, tem associação
bem maior com o poema do que com o discurso.
Assim como na poesia o cinema é um modo
de dar novos nomes para as coisas.

III

Embora a função da poesia não seja
comunicar, ainda assim ela o faz.
A poesia pode comunicar-se
ainda antes de ser compreendida.
Como na poesia, o cinema carrega em si
essa possibilidade de usar signos de expressão
(palavra, som, imagem) para além do
comunicar, do linearizar o entendimento.
A tentativa mais descomprometida com
técnicas de filmagem carrega em si
uma função estética da imagem
só pelo fato da escolha de posicionamento
da câmera e de enquadramento da imagem.
No cinema as imagens não se desenrolam
uma depois da outra numa ordem consecutiva,
mas se relacionam em descontinuidade, por saltos;
um filme salta de uma imagem para outra,
tal como os versos de um poema
saltam de uma linha a outra.

IV

O mundo contínuo é o mundo da visão,
o mundo descontínuo é o da consciência
e o cinema é herdeiro do mundo descontínuo:
o pensamento humano criou um novo
mundo à sua imagem e semelhança.
Um plano de cinema é como uma poesia isolada,
tal como o filme depois de pronto é como
o livro em que o autor reúne seus poemas;
é uma nova composição, é o resultado
do encadeamento dos diversos poemas.
Embora essas duas artes estejam em
campos diferentes de representação artística,
tanto cinema quanto poesia estão conectados
em um mesmo campo de criação (o universo onírico).
O trabalho artístico de construção permite
da mesma forma que o espectador/leitor crie
dentro de si seu próprio poema, seu próprio filme,
o que dependerá do contexto e das
experiências humanas de cada um.

V

O poder da criação de imagens poéticas é uma
característica comum entre o cinema e a poesia.
A construção dessas imagens se deve aos dispositivos
elementares de cada arte – a câmera e a palavra –,
colocadas no lugar certo e arranjadas de
modo a causar o efeito estético; ou seja,
a montagem do poema (e/ou do filme)
dá à obra seu verdadeiro sentido.
Assistir a um filme é algo, ao

mesmo tempo, individual e coletivo.
Quando as luzes do cinema se apagam
e a luz do projetor se acende, o espectador,
mesmo coletivizado, também é apenas um entre
vários espectadores em uma sala de cinema.
O filme abre os olhos do espectador
para uma amplitude inumerável de
possibilidades de recepção e interpretação
da história pelo cineasta contada.

VI

Se a poesia é som – palavras –
e o cinema é luz – imagens –,
é, então, possível construir
um hiato entre ambos.
Hiato que produz encontros quando
as artes são aproximadas discursivamente
e produtivamente por diversos artistas.
Para melhor proveito de ambas,
devemos nos permitir vivenciar
essa sinestesia múltipla de sensações
que nesse processo intersemiótico
elas são capazes de nos transmitir e afetar.
Ler um poema e ver um filme
separadamente é uma coisa,
aproveitar um poema que tem
a riqueza imagética do filme
ou um filme que tem a riqueza
de pura poesia é outra coisa.
Contudo, em ambos os casos,
uma coisa é certa:
estamos mais próximos do sublime!

O OLHAR DE MICHELANGELO

Preâmbulo

O título desse filme diz respeito ao artista da Renascença Michelangelo Buonarroti (século XVI) e ao diretor de cinema Michelangelo Antonioni, que dirigiu essa obra (15 minutos) em 2004 e deixou-nos em 2007.
Antonioni entra na Basílica de São Pedro dos Leões, em Roma, sozinho. Aproxima-se lentamente do túmulo de Júlio II esculpido por Michelangelo, e o filme inteiro é um diálogo, sem uma palavra pronunciada, um vaivém de olhares entre Antonioni e o Moisés de Michelangelo.
O famoso diretor e crítico de cinema Jean-Claude Carrière teceu um belo elogio à obra de Antonioni ao afirmar ser um dos filmes mais lindos do mundo.

I

Silenciosamente, Antonioni cruza a nave da Basílica
imersa na luz fraca, atraído pela força ancestral do mármore esculpido.
Para e permanece imóvel, quase oprimido,
diante da obra-prima do escultor, examinando os detalhes e refletindo na expressão do profeta.
Filmado em *contre-plongée*, dois grandes artistas
driblam limites temporais e encontram-se
em um lugar mágico e místico.
A princípio só vemos suas sombras,
só podemos ouvir o som de seus passos
ecoando pelo imenso espaço entre as colunas de mármore.
Trata-se de um longo diálogo de olhares:
dos olhos fechados da estátua do Papa,
Antonioni chega àqueles olhares severos e salvadores
de Moisés e das outras figuras
que compõem o monumento fúnebre.
Num silêncio grandiloquente, seus olhares se cruzam.
E nesse cruzamento eles falam sobre a imortalidade da arte.

II

Com uma proposta ousada, Antonioni explora a última
grande obra e a mais conturbada do genial escultor.
Ainda que magnífico pelo enquadramento de cima
e pelo efeito da luz que entra na igreja,
o caminhar inicial de Antonioni em direção à obra dentro da catedral tem
apenas o efeito de um antepasto preparatório
para o prato principal, a relação do olhar de um homem
(e de seus dedos: olhos que tocam, dedos que veem)
com toda uma gama de detalhes e construções delicadas
que têm seu tempo natural para alcançarem a percepção
do observador e nele imprimirem toda sua força.
O efeito estético é um desses momentos
em que se está completamente só,
em que o tempo de percepção que se cria
é totalmente diferente de nossas vivências cotidianas
e faz parte de seu gosto próprio o ato de justamente propor-nos novas
orientações sensórias.

III

O olhar de Michelangelo eleva-se em direção a esses imensos mármores
e a câmera detém-se nos olhos fechados do pontífice; lentas tomadas
panorâmicas exploram as estátuas enquanto uma série de *contre-plongées*
estabelece uma troca de olhares silenciosos entre o cineasta e a figura central
desse conjunto: o terrível Moisés com seu olhar assustador.
Os olhares opacos da estátua orgulhosa e de Antonioni,
frágil homem idoso, cruzam-se enquanto a câmera
desliza com uma voluptuosidade quase tocante
na superfície do mármore e detalha as proporções perfeitas.
Não se estará face a uma última expressão, reduzida ao essencial,
da fragilidade humana, do caráter transcendente da arte e da natureza
profunda do cinema?

As mãos tentam dizer o que a boca
não consegue mais expressar, mas em vão.
Sempre em *contre-plongée*, ao tocar o mármore,
às vezes as mãos parecem querer pousar lá,
e os sons abafados do lado de fora
são gradualmente cobertos por um misterioso coro entoando *Magnificat*, de
Giovanni Pierluigi da Palestrina.
Antonioni encontra, experimenta e até restaura o olhar,
uma ação complexa e não um simples relato da realidade:
antes, uma construção e desconstrução de imagens.

IV

Moisés é um mármore que "fala",
capaz de transmitir ao observador
toda a beleza que o artista lhe deu.
Nessa visita, Antonioni entra em completa
simbiose com a escultura, movendo suavemente o braço
para tocá-la com a mão, para pegar seu espírito.
Esse abraço longo e recíproco do diretor com esse
maravilhoso grupo de mármore presenteia-nos com um novo e incomum
monumento
para lembrar como o olhar é o verdadeiro segredo alquímico
de toda forma de arte visual:
seja ela esculpida, pintada, filmada.
Tudo ocorre na penumbra da igreja,
mas explode à luz das estátuas em diferentes momentos do dia.
Tudo é feito em *close-ups*:
os detalhes dos personagens (as estátuas e o próprio diretor,
que pela primeira vez interpreta e torna-se
coprotagonista de uma de suas obras),
os silêncios, quebrados apenas por sons abafados de sinos,
por portas que se fecham, por passos leves que se

perdem nas naves da igreja, por um coro que acompanha o autor do documentário até a luz do sol.
De repente, para o tempo para um último olhar ao túmulo,
em uma tomada ampla em que nos é mostrado,
pela primeira vez, todo o conjunto da obra escultórica.
Pode-se ver o cineasta de longe cruzando a basílica e
indo em direção ao raio de luz que se ergue de
uma porta estreita que ele logo atravessará,
antes de uma última diminuição do escuro:
será a última imagem de todo o seu trabalho enquanto na tela deserta o mistério é esvaziado e exaurido nas volutas sônicas da *Magnificat*.

V

Uma experiência extraordinária que faz com que o visitante
Sinta-se protagonista, estando em contato com uma obra milenar,
em total silêncio, a partir do qual flui a comparação
entre a transitoriedade humana e a eternidade da arte.
O trabalho de Antonioni, sua função principal parece ser a de "esculpir o tempo".
Ou seja, o tempo é a sua matéria-prima.
O cineasta "esculpe" o tempo, a sua matéria bruta, de acordo com a sua sensibilidade para a "pressão do tempo" em cada plano.
A matéria-prima do cinema é o tempo;
primeiro no local de filmagem, depois no "aqui e agora" do momento de projeção (película ou digital) numa tela,
no passado e no presente das imagens,
bem como nas imagens passadas e presentes.
Desse modo, cabe ao cinema tornar visíveis e audíveis as forças invisíveis e inaudíveis.

VI

O olhar de Michelangelo é construído, pois, como um filme de olhares que dialogam explorando o grupo dos mármores

que, sob a mão do diretor, torna-se pura abstração.

Dos olhos fechados do papa, Antonioni chega ao olhar de Moisés

que, com sua postura e iluminação particulares,

mais do que qualquer outra,

chama a atenção dos espectadores.

As imagens são continuamente construídas e desconstruídas

de acordo com os diferentes pontos de vista da câmera,

um olhar que confirma nesse trabalho o verdadeiro segredo por trás da criação de qualquer forma de arte.

Não é apenas o testemunho extremo de um grande diretor.

É também um olhar capaz de fazer uma obra-prima do passado

viva e presente aos nossos olhos.

A experiência de Antonioni torna-se, graças à magia do seu cinema, também a experiência de cada espectador.

Uma experiência que transita pela relação entre espaço e corpo, entre a falta de comunicação ou, pelo menos, de uma comunicação precária, entre o vazio e a ausência num mundo

que parece dar cada vez menos valor ao encontro com o "outro" e à reflexividade que ele proporciona.

O olhar de Michelangelo é um momento dos mais elevados

do cinema de Antonioni, no qual seu gesto artístico solene e sedutor remete-nos a uma inevitável reflexão sobre o ato de ver.

Trata-se, em suma, de uma obra pungente, dolorosa,

impregnada de refinamentos estético e filosófico arrebatadores. Comovente, sob qualquer perspectiva, lírico em todas as suas dimensões!